Frohn

# HV-Fragen: Import, Zuzahlung, Rabattverträge

Lars P. Frohn

# HV-Fragen:

## Import, Zuzahlung, Rabattverträge

Lars P. Frohn, Bonn

Deutscher
Apotheker Verlag

**Anschrift des Autors**

**Lars Peter Frohn**
Argelanderstr. 81
53115 Bonn
www.lpfrohn.de

**Hinweise**
Alle Angaben in diesem Buch wurden sorgfältig geprüft. Dennoch können der Autor und der Verlag keine Gewähr für deren Richtigkeit übernehmen.
Ein Markenzeichen kann warenzeichenrechtlich geschützt sein, auch wenn ein Hinweis auf etwa bestehende Schutzrechte fehlt.

Bibliografische Information der Deutschen Nationalbibliothek
Die Deutsche Nationalbibliothek verzeichnet diese Publikation in der Deutschen Nationalbibliografie; detaillierte bibliografische Daten sind im Internet unter http://dnb.d-nb.de abrufbar.



1. Auflage 2015

ISBN 978-3-7692-6431-9 (Print)
ISBN 978-3-7692-6626-9 (E-Book, PDF)


Birkenwaldstr. 44, 70191 Stuttgart
www.deutscher-apotheker-verlag.de

Printed in Germany
Satz: abavo GmbH, 86807 Buchloe
Druck und Bindung: Kösel, Krugzell
Umschlagabbildung: © vege – Fotolia
Umschlaggestaltung: deblik, Berlin

Für meine Eltern
und Dr. Wilhelm Frohn, Arzt (1900–1959)

## Vorwort

Die Idee zu diesem Buch ist in den vergangenen zwei Jahren entstanden, nicht zuletzt durch immer neue bürokratische Anforderungen, die bei der täglichen Arbeit in der Apotheke beachtet werden müssen. Letztendlich waren dabei zwei Situationen in einem Kundengespräch besonders prägend:

Die erste Situation erlebte ich als „Zuschauer" bei einer Vertretung in einer großen Stadt-Apotheke: Meine Kollegin, eine PTA, die seit über 20 Jahren im Beruf steht, bediente einen Kunden, der mit einem Privatrezept in die Apotheke gekommen war. Die PTA gab das Arzneimittel in die EDV ein und sagte dann kurze Zeit später, ohne den Blick vom Bildschirm abzuwenden: „Oh … Ihr Medikament ist aber defekt". Klar, sie wusste, was „defekt" heißt, ich wusste es und alle, die einmal einen Bestellvorgang in der Apotheke bearbeitet haben, wissen ebenfalls, was es bedeutet, wenn ein Medikament „defekt" ist. Aber die wichtigste Person in der Apotheke, nämlich der Kunde, steht da und versteht die Welt nicht mehr.

Das zweite Erlebnis erfuhr ich bei einer Vertretung in einer Dorfapotheke im Schwarzwald. Es war ein Montagnachmittag, die Apotheke war sehr gut frequentiert und gegen 17 Uhr reichte mir bereits „mein" etwa 50. Kunde sein Rezept über den HV-Tisch. Es dauerte einen Moment, bis ich die drei Medikamente auf dem Kassenrezept in die EDV eingegeben hatte. Es stellte sich heraus, dass der ungeduldig wartende Kunde aufgrund der Rabattverträge alle drei Medikamente von einer anderen Firma bekommen sollte, als auf dem Rezept verordnet waren. Noch viel schlimmer war aber, dass er laut seiner Kundenkarte zwei dieser Arzneimittel noch nie von dieser Firma bekommen hatte. „Die Arzneimittel, die Ihnen der Arzt verordnet hat, darf ich Ihnen nicht geben, wegen der Rabattverträge, das kennen Sie ja", war meine lapidare Erläuterung gegenüber dem Kunden. Das Resultat dieser mageren Erklärung war, dass der Kunde mit dem Finger auf mich zeigte und mit erhobener Stimme sagte, ja fast schon schrie: „Langsam glaube ich Ihnen nicht mehr!"

So eine Reaktion hatte ich noch nicht erlebt und hätte ich auch niemals erwartet. Ständige Diskussionen mit den Patienten um den „Hickhack" mit den Rabattverträgen, ja, das ist man gewohnt als Apotheker. Aber so etwas? Der Kunde war also sehr zornig und konnte sich kaum noch beruhigen. Später, als die Situation geklärt war, wurde mir klar, dass die Reaktion in keiner Weise nur auf die Umsetzung der Rabattverträge zurückzuführen war. Nein, es lag eindeutig an meiner bescheidenen Erklärung. Die „ alten Hasen" unter uns kennen das: Wie oft müssen wir unseren Kunden die Rabattverträge erklären und das oft Dutzende Male am Tag. Die logische Konsequenz ist, dass unsere Erklärungen einfacher und müder werden. Man will einfach dem Kunden nicht mehr erklären müssen, dass wir nur die Gesundheitspolitik der Bundesregierung an unterster Ebene umsetzen. Aber durch schlechte Kommunikation und wortkarge Erklärungen verunsichert man den Kunden nur, wie man an dieser Situation sieht.

Aufgrund dieser und anderer Erfahrungen machte ich mir Gedanken, wie ich im Apothekenalltag den Kunden bestimmte, elementare Sachverhalte wie die Rabattverträge einmal so erklären kann, dass es dauerhaft verstanden wird. Dann bleibt bei den nächsten Besuchen in der Apotheke wieder mehr für unsere elementare Aufgabe: Die umfassende pharmazeutische Beratung! Des Weiteren überlegte ich mir, wie man in der Apotheke, egal ob man nun 10 Tage, 10 Monate oder 10 Jahre im Beruf und in der Offizin tätig ist, in einfachen, leicht verständlichen Sätzen dem Kunden schwierige Abläufe näher bringen kann. Ein aufgeklärter Kunde in allen Bereichen ist ein zufriedener Kunde. Und ein zufriedener Kunde ist ein Kunde, der immer wieder zu Ihnen kommt, weil er Ihre Kompetenz und Beratung schätzt.

In diesem Sinne wünsche ich Ihnen allzeit gute Kundengespräche!

Mein besonderer Dank gilt Frau Antje Piening vom Deutschen Apotheker Verlag, die mich bei diesem Projekt außerordentlich unterstützt hat und mir jederzeit mit Rat und Tat zur Seite stand, ohne sie wäre dieses Projekt nicht möglich gewesen! Mein Dank geht ferner an Dr. Dr. Christoph Klemm, Franziska von Lintel, Thomas Kirstein, Christina Markloff und Kimberley Schmidt-Wolf.

Bonn, im Sommer 2015 Lars P. Frohn

# Inhaltsverzeichnis

# Abkürzungen

| | |
|---|---|
| ABDA | Bundesverband Deutscher Apothekerverbände |
| ADHS | Aufmerksamkeitsdefizit-Hyperaktivitätsstörung |
| AkdÄ | Arzneimittelkommission der deutschen Ärzteschaft |
| AMG | Gesetz über den Verkehr mit Arzneimitteln |
| AMNOG | Arzneimittelmarkt-Neuordnungsgesetzes |
| AMPreisV | Arzneimittelpreisverordnung |
| AMVerkRV | Verordnung über apothekenpflichtige und freiverkäufliche Arzneimittel |
| AMVV | Arzneimittelverschreibungsverordnung |
| ANSG | Apothekennotdienstsicherstellungsgesetz |
| ApoG | Apothekengesetz (Gesetz über das Apothekenwesen) |
| ApBetrO | Apothekenbetriebsordnung |
| BAH | Bundesverband der Arzneimittel-Hersteller |
| BfArM | Bundesinstitut für Arzneimittel und Medizinprodukte |
| BGB | Bürgerliches Gesetzbuch |
| BGH | Bundesgerichtshof |
| BKA | Bundeskriminalamt |
| BMG | Bundesministerium für Gesundheit |
| BPI | Bundesverband der Pharmazeutischen Industrie |
| BTMG | Betäubungsmittel Gesetz über den Verkehr mit Betäubungsmitteln |
| BVDVA | Bundesverband Deutscher Versandapotheken |
| BVL | Bundesamt für Verbraucherschutz und Lebensmittelsicherheit |
| DIMDI | Deutsches Institut für Medizinische Dokumentation und Information |
| EAEPC | European Association of Euro-Pharmaceutical Companies |
| EFPIA | European Federation of Pharmaceutical Industries and Associations |
| eGK | elektronische Gesundheitskarte |
| EMA | European Medicines Agency |
| EStG | Einkommensteuergesetz |
| EU | Europäische Union |
| EWR | Europäischer Wirtschaftsraum |
| G-BA | Gemeinsamer Bundesauschuss |
| GIRP | The European Association of Pharmaceutical Full-line Wholesalers |
| GKV | gesetzliche Krankenversicherung |
| GMG | GKV-Modernisierungsgesetz |
| GKV WSG | Gesetz zur Stärkung des Wettbewerbs in der gesetzlichen Krankenversicherung, Wettbewerbsstärkungsgesetz |
| GKV OrgWG | Gesetz zur Weiterentwicklung der Organisationsstrukturen in der gesetzlichen Krankenversicherung |
| GKV-VStG | GKV-Versorgungsstrukturgesetz |
| GMG | Gesundheitsmodernisierungsgesetz |
| GMP | Good Manufacting Practice |
| HilfsM-RL | Hilfsmittel-Richtlinien |
| IFA | Informationsstelle für Arzneispezialitäten |
| IQWiG | Institut für Qualität und Wirtschaftlichkeit im Gesundheitswesen |
| KBV | Kassenärztliche Bundesvereinigung |

| | |
|---|---|
| LadSchlG | Gesetz über den Ladenschluss |
| MPG | Medizinproduktegesetz |
| NemV | Verordnung über Nahrungsergänzungsmittel (Nahrungsergänzungs-mittelverordnung) |
| NNF | Nacht- und Notdienstfonds |
| OTC | Over the Counter |
| PatG | Patientengesetz |
| PGEU | Pharmaceutical Group of the European Union |
| Phagro | Bundesverband des pharmazeutischen Großhandels |
| Rx | rezeptpflichtige Arzneimittel |
| SGB | Sozialgesetzbuch |
| SGB V-ÄndG | SGB V-Änderungsgesetz |
| TierSG | Tierschutzgesetz |
| UAW | unerwünschte Arzneimittelwirkungen |
| vfa | Verband forschender Arzneimittelhersteller |
| WHO | World Health Organization |
| WUV | Werbe- und Vertriebsgesellschaft Deutscher Apotheker |
| ZLG | Zentralstelle der Länder für Gesundheitsschutz |

# 1 Wie Sie dieses Buch nutzen



Dieses Buch spricht vor allem junge Pharmazeuten an, die nach Ihrem langen Pharmaziestudium zum ersten Mal in einer öffentlichen Apotheke arbeiten. Eine weitere Zielgruppe des Buchs sind aber auch „alte Hasen", die in Ihren Erklärungen gegenüber dem Kunden vielleicht etwas „festgefahren" sind und sich über ein paar frische Anregungen freuen! Außerdem dient das Buch als kleine Auffrischung für das gesamte pharmazeutische Personal, das in den Ausführungen nicht mehr sicher ist oder dem manchmal die richtigen Worte fehlen, um einen komplizierten bürokratischen Sachverhalt verständlich wiederzugeben.

Es geht hier **nicht** um pharmazeutische Beratung. Es geht ausschließlich um Themen, die im Umgang mit den Kunden zum Apothekenalltag gehören, die aber eigentlich alle aus dem Bereich der Gesundheitspolitik kommen. Zum Beispiel: „Was ist eine Zuzahlung?" „Warum muss der Kunde die eigentlich bezahlen und wie ist diese gesetzlich geregelt?"

Zu jedem Thema gibt es eine kurze Einleitung in die Thematik. Danach finden Sie einen Frage-Antwort-Teil, welcher den eigentlichen Kern des Buchs darstellt. Dort finden Sie Fragen, die vom Kunden kommen könnten, aber gleichzeitig als Informationen zu dem jeweiligen Thema dienen sollen. Die Antworten sollten als primäres Ziel einfach und kurz sein, damit der Kunde den Sachverhalt **dauerhaft versteht**! Sie, in der Rolle als Erklärender, sollen den Text natürlich nicht auswendig lernen. Die Antworten dienen mehr als Wegweiser.

Wichtige Schlagwörter, in Neudeutsch die sogenannten „Key Points", die möglichst Bestandteil Ihrer Ausführung sein sollten, sind **hervorgehoben**.

Nach dem Frage-Antwort-Teil folgen Hintergrundinformationen und sofern vorhanden, auch das Gesetz oder der Hinweis, wo man zu dem Thema noch weitere Informationen findet. Diese Angaben können natürlich auch in die Erklärung für den Kunden miteinfließen. Wichtig für die Aufklärung des Kunden ist, dass Sie sich des Ziels dieser Unterhaltung bewusst sind: Es geht hier um eine allgemeine Aufklärung zwischen Beratung und Verkauf. Einen in allen Bereichen aufgeklärten Kunden zu verabschieden, soll das Ziel dieses Buchs sein, auch wenn die ständig neuen Gesetze und bürokratischen Regelungen für die Apotheke manchmal selber schwer zu verstehen und umzusetzen sind.

Am Ende des Gesprächs können Sie Ihren Kunden fragen: „Haben Sie das verstanden? Für mich ist es wichtig, dass Sie verstehen, dass wir oft nur so handeln können, wie es der Gesetzgeber uns vorgibt. Wenn Sie es nicht verstanden haben, erkläre ich es Ihnen gerne noch einmal."

Die Antworten sind so verfasst, wie es rechtlich bzw. moralisch korrekt ist. Im Rahmen einer serviceorientierten Apotheke werden sie in bestimmten Situationen im Sinne der Kundenfreundlichkeit vielleicht anders vorgehen.

# 2 Die Apotheke

## 2.1 Was wir alles leisten



### 2.1.1 Einleitung

Apotheken bedienen 3,6 Millionen Kunden pro Tag, führen 250 000 Botendienste täglich aus, leisten 510 000 Notdienste pro Jahr (davon 450 000 als Volldienst) und stellen 15 Millionen Rezepturen jährlich her [1].

Apotheken versorgen die Bevölkerung nach dem Apotheken-Gesetz flächendeckend mit Arzneimitteln. Dazu gehört in erster Linie die Beratung zu Arzneimittelwirkungen und -risiken sowie zu Darreichungsformen, sowohl bei rezeptpflichtigen Arzneimitteln als auch in der Selbstmedikation.

Durch die ständig wachsende Bürokratie, z. B. durch die Umsetzung der Rabattverträge oder Genehmigungen von Hilfsmitteln, besteht aber leider die Gefahr, dass diese wichtige Beratungsfunktion, zu der wir gesetzlich verpflichtet sind und die unseren Beruf ja im Wesentlichen ausmacht, immer mehr in den Hintergrund gedrängt wird. Dadurch verlieren wir den Kontakt zu unseren Kunden leider mehr und mehr.

Was wir alles leisten, davon bekommt der Kunde kaum etwas mit. Durch bessere Kommunikation, durch Aufklärung und vielleicht auch durch dieses Buch ist es vielleicht möglich, unseren Kunden zu zeigen, wie vielfältig unsere Aufgaben sein können.

Was wir leisten:

- Wir stellen in der Rezeptur individuelle Arzneimittel her, bis hin zu sterilen Parenteralia. Wir prüfen Ausgangsstoffe und Fertigarzneimittel und leisten somit einen großen Beitrag zur Arzneimitteltherapiesicherheit.
- In vielen Apotheken besteht auch die Möglichkeit, Blutuntersuchungen (z. B. zu Blutzucker- und Cholesterinwerten) durchführen oder den Blutdruck messen zu lassen. Damit leisten wir einen wichtigen Beitrag zur Gesundheitsvorsorge.
- Schließlich sind viele Apotheken in der Versorgung von Alten- und Pflegeheimen aktiv, sei es durch Belieferung, Blistern oder Stellen von Arzneimitteln.
- Patienten, die regelmäßig in die Apotheke kommen, beispielsweise aufgrund chronischer Erkrankungen oder weil sie viele verschiedene Arzneimittel einnehmen müssen, können eine intensivere Betreuung in Anspruch nehmen. Sie können ihre Arzneimit-

tel in der Apotheke erfassen und z. B. auf Wechselwirkungen, Doppelverordnungen, Über- oder Unterdosierung überprüfen lassen.

- Auch eine Ernährungs- und Impfberatung gibt es in darauf spezialisierten Apotheken. Und nicht zu vergessen: Es haben stets eine Reihe von Apotheken im Bundesgebiet nachts sowie an Sonn- und Feiertagen Notdienst, damit rund um die Uhr in allen Regionen Deutschlands dringend (oder weniger dringend) benötigte Arzneimittel zur Verfügung stehen.
- Die meisten Apotheken bieten einen kostenlosen Lieferdienst nach Hause an, damit Kunden, die in ihrer Mobilität eingeschränkt sind, ohne Mühen ihre Medikamente erhalten.
- Alles in allem sichern wir, die hoch qualifizierten Pharmazeutischen Apothekenteams, die Versorgung von Millionen Mitbürgern auf höchstem Niveau und das 24 Stunden am Tag!

### 2.1.2 Kundenfragen

#### Fragen zur Leistung der Apotheke

**Wer arbeitet eigentlich in einer Apotheke?**

- In unserer Apotheke arbeitet **pharmazeutisches Personal** wie Apotheker, Pharmazeutisch-Technische Angestellte (PTA) sowie Pharmaziepraktikanten im praktischen Jahr. Ergänzt wird dies durch **nichtpharmazeutisches Personal**, wie Pharmazeutisch-Kaufmännische-Angestellte (PKA).

**Worin unterscheiden sich die Berufsgruppen?**

- Voraussetzung für die Approbation als Apotheker ist der erfolgreiche Abschluss des Pharmaziestudiums sowie das bestandene **dritte** Staatsexamen.
- Pharmaziepraktikanten haben bereits ein **vierjähriges Studium** und zwei **Staatsexamen** absolviert und lernen nun innerhalb eines Jahres, Ihr **Wissen praktisch** anzuwenden.
- Die Ausbildung von PTA ist medizinisch-naturwissenschaftlich ausgerichtet und **dauert zweieinhalb Jahre.** Sie informieren und beraten – unter der Aufsicht eines Apothekers – den Patienten bei der Arzneimittelabgabe oder stellen Rezepturen her.
- Pharmazeutisch Kaufmännische Angestellte gehören zum nichtpharmazeutischen Personal. PKA sind schwerpunktmäßig im **kaufmännisch-organisatorischen** Bereich der Apotheke beschäftigt, sind also z. B. für den Einkauf von Waren zuständig. Ihre Ausbildungsdauer beträgt drei Jahre.

**Darf mich jeder Mitarbeiter in der Apotheke bedienen?**

- Nein, wenn Sie Arzneimittel, sei es mit oder ohne Rezept, bei uns einkaufen, darf Sie **nur** das **pharmazeutische Personal** bedienen. Deswegen kann es sein, dass eine Person, die gerade ein Regal einräumt, Sie **nicht bedienen** darf, obwohl Sie warten.

**Ist die Apotheke eigentlich ein normaler Einzelhandel?**

- Nein! Vom Gesetzgeber wird der Apotheker in erster Linie als **Heilberufler** und nicht als Kaufmann gesehen! Durch **strenge Vorgaben** soll sichergestellt werden, dass der Apotheker nach **bestem Wissen und Gewissen** berät.

- Außerdem handelt es sich bei Arzneimitteln um **besondere Ware**, die einer **speziellen Beratung** durch pharmazeutisches Personal bedarf.
- Des Weiteren betreiben alle Apotheken in Deutschland ein sogenanntes Qualitätsmanagementsystem (QMS). Das bedeutet **Qualitätssicherung** und **Qualitätssteigerung im pharmazeutischen Kernbereich.**
- Sie können sich jederzeit bei uns zu allen Gesundheitsthemen und natürlich vor allem zu Arzneimitteln kostenlos beraten lassen. **Nur wer so viel weiß wie wir**, kann Sie gut beraten.

### 2.1.3 Hintergrundinformationen und Gesetze

**Apothekengesetz (ApoG).** § 1 Abs. 1 Den Apotheken obliegt die im öffentlichen Interesse gebotene Sicherstellung einer ordnungsgemäßen Arzneimittelversorgung der Bevölkerung.

**Apothekenbetriebsordnung (ApBetrO).** Die Apothekenbetriebsordnung regelt die sichere und qualitativ hochwertige Arzneimittelversorgung durch Apotheken. Das umfasst die Herstellung, Prüfung und Lagerung von Arzneimitteln, aber auch ihre Abgabe und die Beratung und Information von Patientinnen und Patienten.



Am 12. Juni 2012 ist die Vierte Verordnung zur Änderung der Apothekenbetriebsordnung (ApBetrO) in Kraft getreten. Die bis zu diesem Datum geltende Apothekenbetriebsordnung aus dem Jahr 1987 wurde bis dahin nur geringfügig geändert. Eine Novellierung der Verordnung war notwendig geworden, um sie an neue Entwicklungen und Erfahrungen aus der Praxis anzupassen.

Wesentliche Ziele der Überarbeitung waren die Verbesserung der Arzneimittelsicherheit, insbesondere bei der Arzneimittelherstellung und bei der Information und Beratung. Überholte und nicht mehr gerechtfertigte Regelungen wurden abgeschafft.

Wesentliche Änderungen und Neuerungen der seit Juni 2012 geltenden Apothekenbetriebsordnung sind:

Apotheken müssen nun, wie alle Arzneimittelhersteller oder auch Großhändler, ein Qualitätsmanagementsystem betreiben, mit dem die betrieblichen Abläufe, soweit pharmazeutische Tätigkeiten betroffen sind, optimiert werden sollen. Schwerpunkte sind dabei die Herstellung, Prüfung und Lagerung der Arzneimittel in der Apotheke, aber auch die Beratung.

Weiterhin vorgenommene Änderungen betrafen im Wesentlichen Vorgaben zur Arzneimittelherstellung (▸ Kap. 2.5).

Die Verordnung enthält darüber hinaus erstmalig detaillierte Regelungen für spezielle und besonders kritische Arzneimittelherstellungen in der Apotheke. Das betrifft die Herstellung steriler Infusionslösungen oder die patientenindividuelle Arzneimittelverblisterung.

Die Vorschriften zur Information und Beratung in den Apotheken wurden präzisiert. Die Apotheken müssen z. B. dafür Sorge tragen, dass die Vertraulichkeit bei der Beratung der Kunden besser gewährleistet wird.

Die bisherigen detaillierten Vorgaben in Bezug auf die Laborausstattung der Apotheken und die wissenschaftliche Literatur wurden gestrichen. Damit ist die konkrete Ausstattung der Apotheke nun der Verantwortung des Apothekenleiters überlassen.

Besonders hervorzuheben sind die Regelungen zur geänderten Betäubungsmittel-Vorratshaltung in der Apotheke. Sie stellen einen wesentlichen Beitrag zur Verbesserung der ambulanten Palliativversorgung dar. Diese sind in Zusammenhang mit der im Betäubungsmittelrecht vorgenommenen Einführung einer eng begrenzten Ausnahmeregelung zu sehen, mit der Ärzte ambulanten Palliativpatienten Betäubungsmittel in bestimmten Fällen gleich vor Ort überlassen dürfen.

Mit dem § 20 der Apothekenbetriebsordnung (ApBetrO) definiert der Gesetzgeber eine „**Verpflichtung** zur **Information** und **Beratung** über **Arzneimittel**". Apotheker müssen durch Nachfrage feststellen, inwieweit Kunden gegebenenfalls weiteren Informations- und Beratungsbedarf haben, sprich eine Beratung aktiv anbieten.

Die in § 20 Abs. 1 ApBetrO vorgeschriebene Verpflichtung zur aktiven Beratung erstreckt sich auf alle in der Apotheke abgegebenen Arzneimittel, also nicht nur auf rezeptpflichtige Arzneimittel.

## 2.2 Die Warengruppen

### 2.2.1 Einleitung

Arzneimittel werden zur Heilung oder Verhütung von Krankheiten eingesetzt. In Deutschland wird die Arzneimittelversorgung im Arzneimittelgesetz (AMG) geregelt. Dort wird der Begriff Arzneimittel genauer definiert und allgemeine Anforderungen an Arzneimittel sowie deren Herstellung, Abgabe, Zulassung, Überwachung und Qualitätssicherung geregelt.

Verschreibungspflichtig sind nach dem Gesetz über den Verkehr mit Arzneimitteln solche Mittel, die die Gesundheit auch bei bestimmungsgemäßem Gebrauch gefährden können, wenn sie ohne ärztliche Verschreibung angewendet werden. Ferner solche Arzneimittel, die neue oder bekannte Stoffe oder Zubereitungen von Stoffen mit in der medizinischen Wissenschaft nicht allgemein bekannten Wirkungen enthalten. Außerdem unterliegen solche Arzneimittel der Verschreibungspflicht, die in erheblichem Umfang nicht bestimmungsgemäß gebraucht werden und solche, durch die die Gesundheit von Mensch oder Tier unmittelbar oder mittelbar gefährdet werden kann (§ 48 Abs. 1 und 2 AMG).

Solche Arzneimittel sind gleichzeitig auch immer apothekenpflichtig, dürfen also nur von Apotheken verkauft werden.

Ob ein bestimmtes Medikament der Verschreibungspflicht unterliegt, wird auf der Grundlage von Vorschriften der Europäischen Union festgelegt, die dann in deutsches Recht implementiert werden und in der Verordnung über die Verschreibungspflicht von Arzneimitteln (AMVV) zu finden sind.

Verschreibungspflichtige Arzneimittel werden in der Apotheke als Rx-Arzneimittel bezeichnet.

Nicht verschreibungspflichtig sind Arzneimittel, die den o. g. Kriterien nicht entsprechen und deshalb bei einem vertretbaren oder bekannten Ausmaß an möglichen Nebenwirkungen auch ohne ärztliche Überwachung angewendet werden dürfen. Die meisten dieser Arzneimittel sind ebenfalls apothekenpflichtig (§ 43 AMG, Apothekenpflicht).

Freiverkäufliche Arzneimittel werden oft als OTC-Arzneimittel (OTC, Over the Counter = über den Tresen oder HV-Tisch der Apotheke) bezeichnet.

Nicht apothekenpflichtig sind Arzneimittel, die entweder per Gesetz (§ 44 des Arzneimittelgesetzes) oder aufgrund der Verordnung über apothekenpflichtige und freiverkäufliche Arzneimittel von der Apothekenpflicht ausgenommen sind. Dies sind Arzneimittel, deren Anwendungsrisiken so gering sind, dass sie auch ohne pharmazeutische Beratung abgegeben werden können. Diese Präparate können im Freiverkauf in Apotheken oder auch in Drogerie- oder Supermärkten erworben werden.

Medizinprodukte sind nach § 3 des Medizinproduktegesetz (MPG):

Produkte aller Art mit (human-)medizinischer Zweckbestimmung zur Anwendung im/am Menschen oder außerhalb des menschlichen Körpers mit nicht hauptsächlich pharmakologischer, immunologischer oder metabolischer Wirkungsweise (Abgrenzung zu Arzneimitteln). Eine Ausnahme bilden die: In-vivo-Diagnostika (s. § 2 Abs. 5 Nr. 1 MPG).

Beispiele sind: Blutzuckerteststreifen, Herzschrittmacher, Röntgengeräte, Überwachungsmonitore, Blutdruckmessgeräte, Brustimplantate, Knochenzemente, Herzkatheter, Zahnfüllungswerkstoffe, ärztliche Instrumente, Applikationssysteme, Kontaktlinsen, Kondome, In-vitro-Diagnostika (IVD), Software.

Nahrungsergänzungsmittel unterliegen der Verordnung über Nahrungsergänzungsmittel (Nahrungsergänzungsmittelverordnung – NemV) und dürfen nicht dazu bestimmt sein, Krankheiten zu heilen oder zu verhüten. Anders als Arzneimittel, die ein Zulassungsverfahren durchlaufen, unterliegen Nahrungsergänzungsmittel nur einer Registrierungspflicht beim Bundesamt für Verbraucherschutz und Lebensmittelsicherheit (BVL).



## 2.2.2 Kundenfragen

### Fragen zu den Warengruppen

**Wieso darf ich mich bei der Kosmetik selbst bedienen, aber bei Schmerztabletten nicht?**

- Weil Ihre Schmerztabletten einer **Beratungspflicht** durch unsere **Apotheke** unterliegen. Eine Beratung wäre bei einer Selbstbedienung nicht gegeben.

**Wieso bekomme ich meine Schmerztabletten eigentlich nicht im Drogeriemarkt?**

- In Deutschland kann man nicht jedes Medikament überall kaufen. Es ist wichtig für den Kunden, **Sicherheit** beim **Arzneimittelgebrauch** zu bekommen sowie **Neben-** und **Wechselwirkungen** zu vermeiden. Deshalb sind bis auf wenige Ausnahmen Arzneimittel in Deutschland apothekenpflichtig.

**Was bedeutet apothekenpflichtig?**

- Das bedeutet, dass diese Arzneimittel **nur** von **Apothekern** oder **PTA** abgegeben werden dürfen und Sie bei der Abgabe **beraten** werden **müssen**.

**Gibt es verschiedene apothekenpflichtige Medikamente?**

- Ja, es gibt zwei Kategorien: einmal **verschreibungspflichtige Medikamente** und **nicht verschreibungspflichtige Medikamente**, sogenannte Over-the-Counter-Medikamente.

**Wer legt fest, welche Arzneimittel verschreibungspflichtig sind und welche nicht?**

- Welche Arzneimittel der Verschreibungspflicht unterliegen, entscheidet das **Gesundheitsministerium**. Das Ministerium lässt sich in dieser Frage regelmäßig von einem **Sachverständigenausschuss** beraten.

**Kann man verschreibungspflichtige Medikamente auch ohne Rezept bekommen?**

- Nein, das geht nicht. Verschreibungspflichtige Medikamente **müssen immer** auf einem Rezept ärztlich verordnet werden. Das sieht das Arzneimittelgesetz so vor! Somit macht sich die **Apotheke strafbar**, wenn wir Ihnen ein rezeptpflichtiges Arzneimittel ohne Rezept aushändigen.

**Können Sie da nicht mal eine Ausnahme machen?**

- Geht es um „Leib und Leben", können wir eine Ausnahme machen! Dann müssen wir Ihren **Arzt kontaktieren**, der uns telefonisch die Erlaubnis zur Abgabe Ihres Arzneimittels gibt.

**Auf meiner Packung steht Medizinprodukt. Was genau ist ein Medizinprodukt?**

- Medizinprodukte sind Produkte, die einen **medizinisch therapeutischen** oder **diagnostischen Zweck** für die Anwendung beim Menschen erfüllen.

**Welche Produkte gehören zu den Medizinprodukten?**

- Dazu gehören z. B. Teststreifen, Implantate, Produkte zur Injektion, Infusion, Transfusion und Dialyse, humanmedizinische Instrumente, Katheter, Herzschrittmacher, Dentalprodukte, Verbandstoffe, Sehhilfen, Röntgengeräte, Kondome, ärztliche Instrumente, Labordiagnostika sowie Produkte zur Empfängnisregelung.

**Wo genau ist der Unterschied zwischen einem Medizinprodukt und einem Arzneimittel?**

- Arzneimitteln wirken pharmakologisch, immunologisch oder metabolisch. Sie wirken also **direkt** auf den **Körper** ein und **verändern** dort etwas.
- Bei Medizinprodukten wird die Hauptwirkung primär auf **physikalischem Weg** erreicht. Das heißt, dass das Medizinprodukt eine mechanische Funktion übernimmt. Sie können auch eine physikalische Barriere bilden oder dem Ersatz oder der Unterstützung von Organen oder Körperfunktionen dienen.

**Was sind Nahrungsergänzungsmittel?**

- Nahrungsergänzungsmittel sind Produkte, die aus **Nährstoffen** oder sonstigen Stoffen bestehen. Das können **Vitamine**, **Mineralstoffe** und **Spurenelemente**, **Aminosäuren**, aber auch **Ballaststoffe**, **Pflanzen** oder **Kräuterextrakte** sein.

**Nahrungsergänzungsmittel gibt es auch als Tabletten und Kapseln. Sind das denn auch Arzneimittel?**

- Nein. Obwohl Nahrungsergänzungsmittel in Form von Tabletten, Dragees oder Pulver angeboten werden, sind sie **keine Arznei, sondern Lebensmittel.**

### 2.2.3 Hintergrund und Gesetz

Sollte eine Apotheke ein rezeptpflichtiges Arzneimittel ohne gültiges Rezept abgeben, verstößt sie gegen das Arzneimittelgesetz (AMG) und die Arzneimittelverschreibungsverordnung (AMVV).

Danach ist die Apotheke nur dann zu einer Abgabe berechtigt, wenn die Anwendung keinen Aufschub erlaubt und eine akute Gesundheitsgefährdung des Patienten besteht. Aber auch selbst dann muss ein Arzt zumindest fernmündlich unterrichtet werden.

Nach einer Rechtsprechung des Bundesgerichtshofs (BGH) vom Januar 2015 [2] verstoßen Apotheken in bestimmten Fällen zusätzlich gegen das Wettbewerbsrecht bei einer Abgabe eines Rx-Medikaments ohne Rezept.

- Nach § 43 des Arzneimittelgesetzes besteht in Deutschland eine grundsätzliche Apothekenpflicht für Arzneimittel. Die Verordnung über apothekenpflichtige und freiverkäufliche Arzneimittel enthält auf der Grundlage der § 44–46 des Arzneimittelgesetzes Regelungen dazu, welche Arzneimittel der Apothekenpflicht unterliegen und welche für den Verkehr außerhalb von Apotheken freigegeben sind.
- Aufgrund von § 48 des Arzneimittelgesetzes sind Arzneimittel mit besonderen Anwendungsrisiken verschreibungspflichtig.

Die Verschreibungspflicht dient vor allem dem Schutz der Patienten vor Fehlmedikationen.

Welche Arzneimittel der Verschreibungspflicht unterliegen, entscheidet das Bundesgesundheitsministerium (BMG). Das Ministerium lässt sich in dieser Frage regelmäßig von einem Sachverständigenausschuss beraten. Der Sachverständigenausschuss für Verschreibungspflicht ist beim Bundesinstitut für Arzneimittel und Medizinprodukte angesiedelt.



## 2.3 Die Preise in der Apotheke

### 2.3.1 Einleitung

Die Preise im freien Markt entstehen durch Angebot und Nachfrage. Jedoch ist die Sache bei verschreibungspflichtigen Arzneimitteln sehr viel komplizierter.

Der Arzt verordnet ein Medikament auf einem Rezept, der Patient kommt mit seinem Rezept zu uns in die Apotheke und löst es ein. Der Preis für das Medikament spielt für Patient, Arzt und Apotheker zunächst keine Rolle. Den Preis bezahlt die Krankenkasse bzw. der Versicherte, der in der gesetzlichen Krankenversicherung (GKV) seine Beiträge bezahlt.

Der Gesetzgeber hat bei den verschreibungspflichtigen Medikamenten verschiedene Regelungen eingeführt, damit die Ausgaben nicht unbegrenzt steigen und die Beiträge für die Versicherten der GKV bezahlbar bleiben:

Für Arzneimittel, die zu Lasten der gesetzlichen Krankenversicherung abgegeben werden, gilt ein sogenanntes Preismoratorium (▸ Kap. 4.2) sowie gesetzliche Herstellerabschläge auf den Arzneimittelpreis.

Bei den Herstellerabschlägen handelt es sich um vom Gesetzgeber prozentual festgelegte Preisreduktionen, die die pharmazeutischen Unternehmen den gesetzlichen Krankenkassen im Sinne eines Mengen- bzw. Großabnehmerrabatts gewähren müssen (▸ Kap. 4.2).

## 2.3.2 Kundenfragen

### Fragen zu Apothekenpreisen

**Kosten verschreibungspflichtige Medikamente in jeder Apotheke gleich viel?**

- Ja, es gibt eine sogenannte Arzneimittelpreisverordnung. Die sorgt dafür, dass **jedes rezeptpflichtige Präparat in jeder Apotheke** denselben Endpreis hat.

**Wie kommt der Verkaufspreis für verschreibungspflichtige Arzneimittel zustande?**

- Ausgangspunkt ist der **bundesweit einheitliche Abgabepreis**, den der Hersteller, also ein pharmazeutisches Unternehmen, vorgibt. Der Pharmazeutische Großhandel kauft nun die Ware bei dem Hersteller ein. Der Großhandel darf auf diesen Abgabepreis, also seinen Einkaufspreis, einen **festgelegten Prozentsatz** für seine Leistung aufschlagen. Dabei richtet sich der Aufschlagsatz also nach dem **Hersteller-Abgabepreis**. Daraus ergibt sich der Preis, für den die Apotheke das **Arzneimittel einkauft**. Auf diesen Einkaufspreis erhebt die **Apotheke** dann ebenso **einen Zuschlag**.

**Dürfen diese Zuschläge von der Apotheke frei bestimmt werden?**

- Nein, **der Staat** schreibt die **Höhe** der Zuschläge **vor**, mit denen die Leistungen der Apotheken vergütet werden.

**Und wie hoch sind diese Zuschläge?**

- Für ein verschreibungspflichtiges Arzneimittel, egal wie teuer es ist, gilt **immer** der **gleiche Zuschlag**. Dieser Zuschlag, den wir als Apotheke erheben dürfen, beträgt **3 % des Einkaufspreises**. Hinzu kommt ein Fixbetrag von **8,35 € je Packung**. Dazu kommen 16 Ct zur Förderung der Sicherstellung des Notdienstes sowie die Mehrwertsteuer.

**Und das bleibt dann für Sie übrig?**

- Nein, die gesetzlichen **Krankenkassen** erhalten von dem Apothekenhonorar pro Packung einen **Großkundenrabatt**, den sogenannten Apothekenabschlag. Über die Höhe wird verhandelt, derzeit liegt er bei 1,77 € pro Packung.

**Also macht die Apotheke keinen höheren Gewinn, wenn das Medikament teuer ist?**

- Es gibt keinen eklatanten wirtschaftlichen Vorteil für die Apotheke bei teureren Produkten. So können Sie als Patient davon ausgehen, dass Sie **unabhängig** von **wirtschaftlichen Interessen beraten werden**.
- Es kann für unsere Apotheke sogar ein Nachteil sein, wenn wir viele teure Arzneimittel verkaufen.

**Warum kann das ein Nachteil sein, wenn die Apotheke viele teure verschreibungspflichtige Medikamente verkauft?**

- Zum einen **binden** hochpreisige **Arzneimittel** erhebliches **Kapital**. Das liegt daran, dass zwischen unserem Einkauf, der Abgabe an Sie und vor allem der Bezahlung durch die Krankenkasse eine nicht **unerhebliche Zeitspanne** liegt. Somit müssen wir das Arzneimittel zunächst vorfinanzieren. Das bedeutet für uns fehlende **Liquidität** und **Zinskosten**.

**Wie entstehen die Preise für Medikamente, für die ich kein Rezept brauche?**

- Bei diesen sogenannten OTC-Arzneimitteln (OTC = Over the Counter) hat die Apotheke die Möglichkeit, von der unverbindlichen Preisempfehlung des Herstellers abzuweichen. Diese Preise kann die Apotheke also **frei bestimmen**.

**In Deutschland sind die Medikamente ja besonders teuer!**

- Nein! Die Arzneimittelpreise in Deutschland sind wie in anderen Staaten auch an das **Bruttoinlandprodukt** und die **jeweilige Kaufkraft angepasst**. Obwohl die Kaufkraft in Deutschland höher als in anderen Staaten ist, liegt Deutschland bei den Arzneimittelpreisen im **europäischen Mittelfeld**. Die vergleichsweise **hohe Mehrwertsteuer auf Arzneimittel** in Deutschland verursacht aber, dass Arzneimittel hier manchmal teurer sind als im Ausland.

### 2.3.3 Hintergrund und Gesetz

Nach § 78 Abs. 2 Satz 2 und 3 Arzneimittelgesetz (AMG) ist für die verschreibungspflichtigen und apothekenpflichtigen Fertigarzneimittel, die zu Lasten der gesetzlichen Krankenversicherung abgegeben werden, ein einheitlicher Apothekenabgabepreis zu gewährleisten.

Die Einzelheiten regelt die auf der Grundlage des § 78 Abs. 1 AMG ergangene Arzneimittelpreisverordnung (AMPreisV). Diese legt für verschreibungspflichtige Arzneimittel in § 2 die Preisspannen des Großhandels bei der Abgabe im Wiederverkauf an Apotheken und in § 3 die Preisspannen der Apotheken bei der Abgabe im Wiederverkauf jeweils zwingend fest.

Herstellerabschläge der pharmazeutischen Unternehmen nach § 130a Sozialgesetzbuch – Fünftes Buch (SGB V):

Mit dem „Gesetz zur Änderung krankenversicherungsrechtlicher und anderer Vorschriften" (GKV-Änderungsgesetz) sind in § 130a Abs. 1a und 3a SGB V im Jahr 2010 erhöhte Herstellerabschläge für verschreibungspflichtige, patentgeschützte Arzneimittel, die nicht dem Festbetragssystem unterliegen, eingeführt worden. Gleichzeitig wurde seinerzeit für alle Arzneimittel in der gesetzlichen Krankenversicherung ein Preismoratorium festgelegt (§ 130a Abs. 3a SGB V, ▸ Kap. 4.2).

## 2.4 Der Freiverkauf

### 2.4.1 Einleitung

Mit dem Gesundheitsmodernisierungsgesetz (GMG) wurde im Jahr 2004 die grundsätzliche Festpreisbindung für apothekenpflichtige Arzneimittel aufgehoben und differenzierte Regelungen eingeführt.

Das heißt, Großhandel und Apotheke kalkulieren die Preise für die Selbstmedikation (sogenannte Non-Rx-Arzneimittel) völlig eigenständig. Etwa 40 % der verkauften Packungen kalkulieren die Apotheken heutzutage selbst.

Als Apotheke müssen Sie einen Mittelweg zwischen einem Dumpingpreis, der zu Lasten der Marge geht, und einem zu hohen Preis finden, der den Umsatz blockiert. Auch wenn viele Apotheken Arzneimittel zu Dumpingpreisen anbieten, birgt diese Vorgehensweise doch die Gefahr einer Pleite, wie dies beispielsweise in den letzten Jahren bei den „Preisschlachten" der Baumärkte der Fall war.

Durch viele Faktoren wie Generikaindustrie, Discount-Apotheken, Preisvergleichsdienstleister im Internet oder Online-Apotheken werden unsere Kunden noch mehr für das Thema Preis sensibilisiert. Ist der Preis aber wirklich alles, was für den Kunden heute noch zählt?

Was jede einzelne Apotheke heutzutage leistet und investieren muss, registriert die Mehrzahl der Kunden leider nicht (▸Kap. 2.1).

Sie als pharmazeutisches Personal müssen sich bei hohen Preisen oft rechtfertigen. Als Apotheke kann man diese Situation nutzen, indem man den Wert bzw. den Kundenvorteil des eigenen Produkts (Wirksamkeit) bzw. der eigenen Dienstleistung (Beratung) in den Vordergrund stellt. Hierbei ist es natürlich von Vorteil, einen Bereich zu finden, in dem man sich auch stark von der Konkurrenz abhebt.

Das teure Arzneimittel wird von Ihrem Kunden mehr geschätzt, wenn Sie eine hohe Beratungsleistung „dazu geben".

Im Umgang mit der Sorte von Kunden, denen grundsätzlich alles zu teuer ist, ist es wichtig, sich nicht in Rechtfertigungen und Berechnungen zu verlieren! Weichen Sie nicht von Ihrem Produkt, das Sie empfehlen ab. Seien Sie von dem Produkt, das Sie empfehlen, überzeugt! Sie sind der Fachmann bzw. die Fachfrau und die Empfehlung, die Sie geben, ist richtig und hilft dem Kunden.

Der Kunde soll etwas bekommen, was ihm hilft, unabhängig vom Preis!

Nur wenn Sie merken, dass der Kunde die Apotheke verlassen möchte, ohne das von Ihnen empfohlene Produkt kaufen zu wollen, bieten Sie ihm eine Alternative. Aber betonen Sie nochmals, dass Sie das andere Medikament für das Richtige halten.

### 2.4.2 Kundenfragen

#### Fragen zu freiverkäuflichen Arzneimitteln

**Das Medikament, das Sie mir (z. B. gegen Erkältung) anbieten ist aber teuer!**

- Ich halte das Medikament für **das Richtige** für Sie! Ich würde Ihnen ein preisgünstigeres Arzneimittel anbieten, aber das gibt es leider nicht. Außerdem wird es Ihnen mit dem Arzneimittel schnell wieder besser gehen!

**Das Arzneimittel habe ich aber in einer anderen Apotheke billiger gesehen!**

- Das kann sein. Die Preise für nicht verschreibungspflichtige Arzneimittel sind nicht festgelegt. Das bedeutet: Jede Apotheke **entscheidet** selbst, wie preiswert das Produkt angeboten wird.
- Nur die Preise für **verschreibungspflichtige Medikamente** legt der **Gesetzgeber** fest.

**Ist das ein Vorteil für mich als Kunde, wenn die Preise für verschreibungspflichtige Arzneimittel vom Gesetzgeber festlegt werden?**

- Ja, denn Sie müssen als Erkrankter keine Preisvergleiche anstellen und Krankenkassen sind davor geschützt, dass besonders wichtige Arzneimittel zu überhöhten Preisen angeboten werden. Feste Preise von verschreibungspflichtigen Arzneimitteln schützen also Sie und die Solidargemeinschaft. Ein **Wettbewerb** zwischen den Apotheken läuft in diesem sensiblen Bereich also nicht über Preise, sondern über die besondere Qualität der Beratung oder einen zusätzlichen Service Ihrer Apotheke.

**Können Sie mir das Medikament nicht billiger geben?**

- Nein, das geht leider nicht. Wir bieten das Mittel bereits an der untersten Preisgrenze an. Andere Apotheken bieten Produkte günstiger an, um Kunden anzulocken. Dadurch nehmen sie Verluste in Kauf oder bieten dann andere Arzneimittel zu einem höheren Preis an um diese Verluste auszugleichen.

### 2.4.3 Hintergrund und Gesetz

Gesundheitsmodernisierungsgesetz (GMG): Bundesgesetz vom 14.11.2003, Bundesgesetzblatt Nr. 55 vom 19.11.2003.

## 2.5 Rezepturen

### 2.5.1 Einleitung

Wir Apotheker und PTA stellen Medikamente selbst her – vor allem solche, die die Industrie nicht anbieten kann. Dies können Salben mit individuellen Wirkstoffen sein, die z. B. der Hautarzt verschreibt oder spezielle Dosierungen für Kinder sein. Aber auch Zytostatika können unter bestimmten Bedingungen in der Apotheke hergestellt werden.

Weder die Räume, noch die erforderlichen Geräte sieht der Kunde in der Apotheke und er bekommt auch nicht mit, wie viel Arbeit letztendlich in einer kleinen Salbenkruke stecken kann.

Besonders die Prüfung der Ausgangsstoffe und die Plausibilitätsprüfung nehmen sehr viel Zeit in Anspruch. Auch davon weiß der Kunde nichts.

Wäre es nicht schön, wenn unsere Kunden erfahren, wie viel Arbeit wir in der Rezeptur leisten, um speziell für ihn ein individuelles, qualitativ hochwertiges Produkt herzustellen?

Natürlich wollen wir als Apotheke permanent eine 100%ige Kundenzufriedenheit. Dennoch ist es als äußerst kritisch anzusehen, dem Kunden, damit er nicht noch einmal wieder kommen muss, eine Rezeptur in 10–15 Minuten herzustellen, wenn darunter die Qualität des Endprodukts leidet.

Vielleicht ergibt es sich ja in einem kurzen Gespräch, dass Sie den Kunden auf die Komplexität einer Rezeptur hinweisen und er so versteht, warum er dieses Arzneimittel eben nicht gleich mitnehmen kann, sondern im schlimmsten Fall einen Tag darauf warten muss.

### 2.5.2 Kundenfragen

#### Fragen zu Rezepturen

**Mein Arzt hat gesagt, Sie müssen etwas anmischen. Was bedeutet das?**

- Unter anmischen verstehen wir eine Rezeptur. Eine Rezeptur ist im eigentlichen Sinne auch ein **Arzneimittel**. Rezepturarzneimittel sind Arzneimittel, die in der Apotheke im **Einzelfall aufgrund** einer **Verschreibung** oder auf sonstige Anforderung eines Kunden **individuell** hergestellt werden.

**Sind Rezepturarzneimittel genauso wirksam wie Fertigarzneimittel?**

- Ja, für Rezepturen, die bei uns in der Apotheke hergestellt werden, gilt das gleiche wie für Fertigarzneimittel: Die **pharmazeutische Qualität** muss stimmen, sie müssen **wirksam** und **unbedenklich** sein.

**Warum hat mir mein Arzt eine Rezeptur verordnet?**

- Ihr behandelnder Arzt hat sich für eine **individuelle, speziell** auf Sie als Patient **abgestimmte** Therapie entschieden. Ihnen wurde ein Rezepturarzneimittel verschrieben, das es **nicht** als **Fertigarzneimittel** gibt. Dieses wird von unserer Apotheke **extra** für Sie **hergestellt**.

**Warum dauert die Herstellung der Rezeptur so lange?**

- Das liegt daran, dass sich die Rezeptur **nicht nur** auf die **Herstellung** beschränkt.

**Was beinhaltet die Herstellung einer Rezeptur sonst noch?**

- Die eigentliche Herstellung, also z. B. das Mischen und Abfüllen einer Salbe oder Creme, ist nur ein Schritt in einem größeren, **komplexen Prozess**. Vor dem Herstellen muss z. B. geprüft werden, ob alle Bestandteile miteinander kompatibel sind. Weiterhin muss die **Identität** und **Qualität** der **Ausgangsstoffe**, also der Stoffe, die in der Rezeptur verarbeitet werden, geprüft werden.
- Die Herstellung des Rezepturarzneimittels ist von der herstellenden Person laufend zu **dokumentieren**. Außerdem gibt es sehr viele **verschiedene Substanzen**, die in einer Rezeptur vorkommen können und die eine Apotheke **nicht** alle **vorrätig** haben kann. Vielleicht muss also ein Ausgangsstoff, der für Ihre Rezeptur benötigt wird, erst noch bestellt werden.
- Der gesamte Prozess zur Anfertigung Ihrer Rezeptur nimmt also etwas mehr Zeit in Anspruch.

**Wo werden die Rezepturen in der Apotheke hergestellt?**

- Für die Herstellung der Rezepturen gibt es hier in der Apotheke einen **speziellen abgetrennten Bereich**. Dies ist sehr wichtig, damit die Arzneimittel **hygienisch einwandfrei** angefertigt werden können.

**Welche Ausstattung hat eine Rezeptur in der Apotheke?**

- Sie reicht von **einfachen Schalen** aus Kunststoff oder Stahl bis hin zu **komplizierten elektrischen Geräten**. Mit diesen können beispielsweise Salben oder Cremes in den Behältnissen hergestellt werden, in denen die Zubereitungen an den Patienten abgegeben werden.

**Kann jede Apotheke alle individuellen Medikamente herstellen?**

- Ja, im Prinzip können in jeder Apotheke alle Medikamente hergestellt werden. Dies hat der Apotheker bzw. die Apothekerin während Ihres Studiums und die PTA innerhalb ihrer Ausbildung gelernt.

### 2.5.3 Hintergrund und Gesetz

Die novellierte Apothekenbetriebsordnung (ApBetrO), die am 12. Juni 2012 in Kraft trat, sieht für die Herstellung der Rezepturarzneimittel strengere Regelungen vor.

Vor Beginn jeder Rezepturarzneimittelherstellung muss eine Plausibilitätsprüfung durchgeführt werden, d. h., eine pharmazeutische Beurteilung, vor allem ob die Vorschrift für die Rezepturherstellung geeignet ist, ein Arzneimittel mit ausreichender Qualität und Stabilität zu erzeugen. An diese Vorschrift wird die Erwartung geknüpft, dass sich damit die Qualität dieser Arzneimittel erhöht und z. B. keine unwirksamen Arzneimittel hergestellt werden. Mit der verpflichtend eingeführten Dokumentation jeder Rezepturarzneimittelherstellung wird die Nachvollziehbarkeit der tatsächlichen Arzneimittelherstellung ermöglicht. Die Regelungen über Rezepturarzneimittel findet man in der Apothekenbetriebsordnung, § 7 Rezepturarzneimittel.

## 2.6 Der Notdienst

### 2.6.1 Einleitung

Jede Nacht und jeden Feiertag leisten etwa 2000 Apotheken Notdienst. Die Apotheken garantieren somit eine umfassende Versorgung mit teilweise lebenswichtigen Arzneimitteln. Und die Bevölkerung nimmt diesen Service gerne in Anspruch: Deutschlandweit nutzen mehr als 20 000 Patienten jeden Tag unseren Apotheken-Notdienst [3]!

Wird das Arzneimittel innerhalb der Zeiten gem. § 6 der Arzneimittelpreisverordnung (Notdienst) abgeholt, so hat der Patient eine Gebühr von 2,50 € zu zahlen, sofern der Arzt nicht einen entsprechenden Vermerk „noctu“ auf dem Kassenrezept anbringt.

Patienten mit Privatrezept und Kunden, die ein Arzneimittel ohne Rezept kaufen, zahlen ebenfalls pro Einkauf 2,50 €.

Einige Apotheken verzichten als Serviceleistung darauf, die Notdienstgebühr von dem Kunden zu verlangen. Diese Vorgehensweise ist allerdings als äußerst kritisch anzusehen. Wir als hochqualifiziertes pharmazeutisches Personal schlagen uns im Dienst die Nächte um die Ohren und sollten dafür von den Kunden auch entsprechend die 2,50 € einkassieren und das ohne schlechtes Gewissen.

Das ist unser kleines Honorar dafür, dass wir den gesetzlich vorgeschriebenen Notdienst machen und die Kunden nachts sehr oft auch mit weniger wichtigen Arzneimitteln versorgen.

Auf der Rückseite von Kassenrezepten ist übrigens der Vermerk: „… so hat der Patient eine Gebühr von 2,50 € zu zahlen …“. Mit der Übergabe des Rezepts vom Patienten an die Apotheke akzeptiert der Kunde diese Bedingungen, es kommt ein Kaufvertrag zustande.

Natürlich sind wir keine Juristen. Aber bevor wir Apotheker/innen nachts durch die Notdienstklappe eine Diskussion um die 2,50 € anfangen, weil ein Kunde diesen geringen Betrag nicht aufbringen möchte, kann man unter Umständen darauf verweisen.

### 2.6.2 Kundenfragen

#### Fragen zum Notdienst

**Muss ich zusätzlich etwas zahlen, wenn ich bei Ihnen etwas im Notdienst kaufe?**

- Ja, es fällt eine Notdienstgebühr von 2,50 € an **pro Einkauf** an.

**Fällt die Notdienstgebühr auch für Rezepte an?**

- Ja, sofern der Arzt nicht den entsprechenden Vermerk **noctu** auf dem Rezept anbringt.

**Was bedeutet der Vermerk noctu auf dem Rezept?**

- Kreuzt der Arzt auf dem Rezept „noctu" an, macht er damit kenntlich, dass es sich um einen **Notfall** handelt. In diesem Fall wird die Gebühr von der **Krankenkasse übernommen**. Das Rezept muss aber **unverzüglich** in einer Apotheke eingelöst werden.

**Wann ist die Notdienstgebühr zu bezahlen?**

- Die Notdienstgebühr fällt an Sonn- und Feiertagen und montags bis samstags zwischen 20 Uhr und 6 Uhr an.

**Können Sie im Notdienst auch etwas bestellen?**

- Nein, leider nicht. Im Notdienst haben wir nur Zugriff auf unser Lager und können **keine Medikamente bestellen**.

**Bekomme ich alle Waren die Sie verkaufen auch im Notdienst?**

- Nein, während des Notdienstes dürfen wir nur Arznei-, Krankenpflege-, Desinfektions-, Säuglingspflegemittel, Säuglingsnahrung und Hygieneartikel abgeben. Also keine Kosmetik- oder Wellnessprodukte.

### 2.6.3 Hintergrund und Gesetz

Zum 01.08.2013 ist das Apothekennotdienstsicherstellungsgesetz (ANSG) in Kraft getreten. Ziel des Gesetzes ist es, den Apotheken für die von ihnen geleisteten Notdienste einen finanziellen Zuschuss zu gewähren. Insgesamt ca. 120 Mio. € werden pro Jahr bereitgestellt und leistungsgerecht nach Anzahl der erbrachten Notdienste an die Apotheken ausgezahlt.

Zur Verwaltung der Mittel wurde ein Nacht- und Notdienstfonds (NNF) in Trägerschaft des Deutschen Apothekerverbands eingerichtet.

Der NNF ist eine selbständige Abteilung und führt die gesetzlichen Regelungen nach dem ANSG aus.

Für die Finanzierung der Notdienstpauschale wurde die Arzneimittelpreisverordnung (AMPreisV) zum 01.08.2013 geändert. Der packungsbezogene Fixzuschlag für verschreibungspflichtige Fertigarzneimittel nach § 3 Abs. 1 Satz 1 der Arzneimittelpreis Verordnung, die zur Anwendung bei Menschen bestimmt sind, wurde von 8,35 € um 16 Cent auf 8,51 € erhöht. Diese 16 Cent werden ohne Berücksichtigung der Umsatzsteuer zweckgebunden an den NNF über die Apotheken Rechenzentren abgeführt und dort „treuhänderisch" verwaltet.

Bei Arzneimitteln, die als Sachleistung abgegeben und über die Rechenzentren abgerechnet werden, übernehmen die Rechenzentren die Einzahlung in den Fonds. Über die Anzahl verschreibungspflichtiger Humanarzneimittel, welche anderweitig abgegeben wurden, müssen die Apotheken in einer Selbsterklärung Auskunft geben. Die daraus resultierenden Beitragsanteile werden über die Rechenzentren an den Fonds gemeldet und dort entsprechend verrechnet.

Die allgemeine rechtliche Basis für die Notdienstbereitschaft der Apotheken findet sich in folgenden Gesetzen:

- Apothekengesetz (ApoG): Notdienstpauschale, § 18–20,
- Gesetz über den Ladenschluss (LadSchlG) § 4,
- Apothekenbetriebsordnung (ApBetrO), § 23 Dienstbereitschaft.

## 2.7 Der Versandhandel

### 2.7.1 Einleitung

In Deutschland ist der Versandhandel sowohl mit verschreibungspflichtigen als auch mit nicht verschreibungspflichtigen Arzneimitteln grundsätzlich zugelassen. Apotheken, die Arzneimittel versenden, müssen eine öffentliche Apotheke betreiben und benötigen zusätzlich die Erlaubnis der zuständigen Behörde.

Viele Kunden, besonders die jüngere Generation, bestellen Ihre Medikamente aus einer der über 3000 Internet-Apotheken in Deutschland. Tendenz steigend! Oft sind die Preise bzw. Angebote einer Internet-Apotheke mit der Apotheke vor Ort nicht „zu schlagen".

Hier ist es wichtig, den persönlichen Kontakt in der Apotheke mit der hohen und individuellen Beratungsleistung, statt der Telefon-Beratung einer Internet-Apotheke, hervorzuheben. Außerdem ist die viel schnellere Lieferfähigkeit ein Argument für die Apotheke vor Ort.



### 2.7.2 Kundenfragen

#### Fragen zum Versandhandel

**Ich habe ein Arzneimittel in einer Internet-Apotheke gesehen. Das wird ja dort viel billiger angeboten als bei Ihnen!**

- Auf **einige Produkte** trifft das sicher zu, aber **nicht auf alle**. Außerdem bekommen Sie bei uns, Ihrer Apotheke vor Ort, das Medikament **viel schneller** als in einer Internet-Apotheke! Und wenn Sie wollen, schicken wir es Ihnen mit unserem Boten nach Hause! Vor allem gilt es aber, das **passende** und **nicht unbedingt** das **billigste** Medikament zu finden.

**Sind die Arzneimittel aus einer Internet-Apotheke genau so sicher?**

- Wenn Sie bei einer **deutschen Versandapotheke** ein Medikament bestellen, vergewissern Sie sich, dass die Apotheke zum Versandhandel zugelassen wurde. Ein Hinweis ist das europäische **Versandhandelslogo.** Außerdem führt das Deutsche Institut für medizinische Dokumentation und Information (DIMDI) ein Versandhandelsregister.

**Was ist der Sinn des Versandhandelsregisters?**

- Alle Apotheken und sonstigen Unternehmen, die einen entsprechenden Versandhandel betreiben, sind in einem **nationalen Versandhandelsregister** eingetragen. Ist der entsprechende Anbieter dort aufgeführt, kann ein Kauf bei dieser **Versandapotheke bedenkenlos** erfolgen.

**Und welche Bedeutung hat das Logo?**

- Bei einem Klick auf das Logo werden Sie als Verbraucher auf die Internetseite der zuständigen Regulierungsbehörde weitergeleitet. In Deutschland ist es das DIMDI. Dort finden Sie dann die Liste aller zugelassenen Arzneimittelvertreiber.

**Ist es sicher, wenn ich bei einer ausländischen Internet-Apotheke etwas bestellen möchte?**

- Auch im Zuge des erlaubten Versandhandels von ausländischen Internet-Apotheken dürfen **nur in Deutschland zugelassene** oder **registrierte Arzneimittel** nach Deutschland versendet werden. Zudem darf dieser Versand nur aus den **EU-Mitgliedstaaten** und anderen Vertragsstaaten des Europäischen Wirtschaftsraums erfolgen. Dort müssen für den Versandhandel mit Arzneimitteln vergleichbare Sicherheitsstandards bestehen.

**Ich habe bei einer Internet-Apotheke ein Medikament gesehen, das in Deutschland verschreibungspflichtig ist, aber dort rezeptfrei angeboten wird!**

- Das ist möglich, da es in verschiedenen **Ländern verschiedene Gesetze** gibt. Allerdings sollten Sie rezeptpflichtige Medikamente nur nach **Rücksprache** mit einem **Arzt** anwenden.

### 2.7.3 Hintergrund und Gesetz

In Deutschland gelten für Internet-Apotheken zunächst dieselben rechtlichen Grundlagen wie für alle Apotheken. Der Internethandel war für Apotheken in Deutschland im Gegensatz zu anderen europäischen Ländern noch bis Ende 2003 gesetzlich untersagt. Mit der Novellierung des Arzneimittelgesetzes und des Apothekengesetzes 2004 (GKV-Modernisierungsgesetz) ist das geändert worden. Das Apothekengesetz ist um die Paragraphen 11a und 11b erweitert worden, welche den Betrieb von Versandapotheken regulieren.

Laut Arzneimittelgesetz (§ 43 Abs. 1 Satz 1 AMG) in Verbindung mit § 11a Apothekengesetz (ApoG) dürfen Versandapotheken, also auch Online-Apotheken, nur von Apotheken betrieben werden. Es muss sich also um eine Offizin-Apotheke handeln, die zusätzlich zu ihren vor Ort angebotenen Diensten die Medikamente deutschlandweit versendet. Die Versandfrist aus dem Inland darf gemäß § 11a ApoG maximal zwei Tage betragen. Versandapotheken müssen das gleiche Sortiment aufweisen wie Offizin-Apotheken, sodass alle Medikamente in Deutschland lieferbar sind.

Nach § 11a ApoG ist ein Qualitätssicherungssystem zu führen, welches u. a. eine Transportversicherung einzuschließen hat und eine ausreichende Beratung durch pharmazeutisches Personal gewährleistet.

Über das Versandapothekenregister des Deutschen Instituts für Medizinische Dokumentation und Information (DIMDI) kann man einfach erkennen, ob eine Apotheke eine entsprechende behördliche Erlaubnis besitzt. Das Register enthält nur die Apotheken, die eine behördliche Erlaubnis zum Versand von Arzneimitteln für Deutschland besitzen (§ 43 Abs. 1 Satz 1 AMG). Für den Inhalt des Registers sind die Stellen verantwortlich, die nach Landesrecht für die Apothekenüberwachung zuständig sind. Aktuell sind beim DIMDI 3730 örtliche Apotheken mit Versandhandelserlaubnis erfasst [4].

Seit Mitte des Jahres 2015 sind alle Apotheken und sonstigen Unternehmen in der Europäischen Union (EU) verpflichtet, auf ihren Websites das neue gemeinsame europäische Versandhandelslogo zu verwenden, wenn sie über das Internet Arzneimittel zum Verkauf anbieten. Diese Maßnahme erfolgte im Rahmen der Richtlinie über gefälschte Arzneimittel (2011/62/EU). Zudem lässt sich auf den ersten Blick anhand des neuen europäischen Versandhandelslogos der Mitgliedstaat erkennen, in dem der Versandhändler niedergelassen ist.

Derzeit ist der Versand von Arzneimitteln aus dem Ausland von Island, den Niederlanden, Schweden, Tschechien und dem Vereinigten Königreich nach Deutschland ausdrücklich zugelassen. Für Tschechien ist nur der Versandhandel mit nicht verschreibungspflichtigen Arzneimitteln und für Schweden nur der Versandhandel mit verschreibungspflichtigen Arzneimitteln erlaubt. Für eine niederländische Apotheke ist der Versandhandel nach Deutschland erlaubt, wenn die Apotheke gleichzeitig eine Präsenzapotheke betreibt. Die rechtliche Grundlage für den Versand aus dem Ausland bietet die sogenannte „Länderliste" gemäß § 73 Abs. 1 Satz 3 AMG.

## 2.8 Arzneimittelfälschungen



### 2.8.1 Einleitung

Arzneimittelfälschungen kommen in der Apotheke praktisch nicht vor. Sie sollten Ihren Kunden deutlich machen, dass die sicherste Möglichkeit, ein Arzneimittel zu kaufen, die Apotheke vor Ort ist. So gut wie nie haben es Fälscher bisher geschafft, ihre Ware in die regulären Vertriebswege einzuschleusen. Machen Sie Ihren Kunden ebenfalls klar, dass Sie keinesfalls bei einer der vielen dubiosen Internet-Apotheken Medikamente bestellen sollten (▸Kap. 2.7). Das Internet ist voller Betrüger und besonders beim Handel mit Arzneimitteln laufen Kunden und Patienten Gefahr, Fälschungen zu erhalten, was Gefahr für Leib und Leben bedeuten kann.

Das Deutsche Institut für Medizinische Dokumentation und Information (DIMDI) führt ein Versandapothekenregister. Mit den darin geführten Apotheken gehen Ihre Kunden auf Nummer sicher, sollten Sie etwas im Internet bestellen wollen: Das Risiko, an Fälschungen zu geraten, ist bei ihnen genauso gering wie in der Apotheke vor Ort.

### 2.8.2 Kundenfragen

#### Fragen zu Arzneimittelfälschungen

**Kommen in Deutschland Arzneimittelfälschungen vor?**

- Nein, in Deutschland sind Arzneimittelfälschungen in der Apotheke glücklicherweise ein sehr **seltenes Ereignis**.

**Gibt es im Internet Arzneimittelfälschungen?**

- Legale, deutsche Apotheken, die **behördlich** zum Versandhandel zugelassen worden sind, stellen keine Gefahr in Bezug auf Arzneimittelfälschungen dar. Es kommt aber immer wieder vor, dass **illegale Internet-Versandapotheken** Arzneimittelfälschungen versenden.

**Welche Behörde ist für die Zulassung zum Versandhandel zuständig?**

- Zuständig ist das Deutsche Institut für Medizinische Dokumentation und Information (DIMDI) in Köln. Dies ist eine nachgeordnete Behörde des Bundesministeriums für Gesundheit. **Registrierte Apotheken** dürfen auf ihren Webseiten ein **Sicherheitslogo** führen, an dem Sie seriöse Internet-Apotheken erkennen können.

**Ist dieses Behörde auch aktiv, wenn es um Arzneimittelfälschungen geht?**

- Nein, zuständig sind hier die **Überwachungsbehörden** der **Bundesländer** bzw. das **Bundeskriminalamt**.

**Welche Gefahren gehen von Arzneimittelfälschungen aus?**

- Arzneimittelfälschungen können **gar keinen**, den **falschen**, zu **wenig** oder zu **viel Wirkstoff** enthalten. Sie werden häufig in Hinterhöfen und Garagen unter **unhygienischen Bedingungen** hergestellt und enthalten oftmals **bedenkliche** oder **giftige** Substanzen.

### 2.8.3 Hintergrund und Gesetz

Die Weltgesundheitsorganisation (WHO) geht davon aus, dass bei Arzneimitteln, die über nicht autorisierte Online-Versandhändler bezogen werden, der Fälschungsanteil bei über 50 % liegt [5].

Gefälschte Arzneimittel sind weltweit ein wachsendes Risiko. Daher hat die Europäische Union mit der Richtlinie 2011/62/EU einen Katalog von Maßnahmen vorgegeben, mit denen das Eindringen von Fälschungen in die legale Lieferkette verhindert werden soll. Mit der im Herbst 2012 verabschiedeten AMG-Novelle hat die Bundesregierung diese Richtlinie in nationales Recht umgesetzt.

Auch wenn bisher in deutschen Apotheken fast nie Arzneimittelfälschungen aufgetaucht sind, kämpfen die Behörden seit Jahren gegen Arzneimittelfälscher und deren lukrative Geschäfte. Damit soll auch in Zukunft verhindert werden, dass Fälschungen beim Patienten landen.

Die pharmazeutische Industrie beteiligt sich an der Entwicklung eines EU-weiten Kodierungs- und Serialisierungs-Systems. Dieses Projekt wird gemeinsam verantwortet von EFPIA, EAEPC, GIRP und PGEU, das sind die jeweiligen EU-Dachverbände der forschenden Arzneimittelhersteller, Parallelimporteure, Großhändler und Apotheker. Das System wird in Übereinstimmung mit der EU-Richtlinie 2011/62/EU zum Schutz vor Arzneimittelfälschungen entwickelt und soll von den beteiligten Organisationen auf nicht gewinnorientierter Basis betrieben werden. In Deutschland testet securPharm, eine Initiative der Arzneimittelhersteller, Pharma-Großhändler und Apotheker, ein nationales System zur Verifizierung von Arzneimitteln seit Anfang 2013. Ziel dabei ist, künftig die Echtheit von Arzneimitteln mittels einer direkten Online Abfrage in der Apotheke zu prüfen.

Im Rahmen der o. a. Richtlinie über gefälschte Arzneimittel erfolgte weiterhin die Maßnahme, dass alle Apotheken und sonstigen Unternehmen innerhalb der Europäischen Union das neue gemeinsame europäische Versandhandelslogo zu verwenden haben, wenn sie über das Internet Arzneimittel zum Verkauf anbieten.

## 2.9 Die Sicherheit von Arzneimitteln

### 2.9.1 Einleitung

Die mangelhaften Arzneimittelstudien aus Indien Ende 2014 oder die Rückrufe von Clopidogrel-Generika aufgrund von GMP-Mängeln Mitte 2010 werfen die Frage auf, ob das der Preis ist, den wir und unsere Kunden für den Wettbewerb der Pharmafirmen bezahlen müssen, die unter ständigem Preisdruck und Preiskampf mit der Konkurrenz stehen.

Welcher Generikahersteller lässt denn noch in Deutschland produzieren? Wie sieht es in anderen Ländern, in denen die Pharmaindustrie produzieren lässt, mit Hygiene oder Kühlvorschriften aus?

Ist die Qualität der Produkte, die in Deutschland als Importe auf den Markt kommen tatsächlich genauso gut, wie in Deutschland produzierte Ware? Leidet ein kühlpflichtiges Insulin bei dem Transport durch halb Europa?

Das sind Fragen, die leider nicht zu beantworten sind und bei denen wir uns darauf verlassen müssen, dass wir von unserem Großhandel einwandfreie Ware bekommen, um die Arzneimittelsicherheit gegenüber unseren Kunden gewährleisten zu können.

Verschiedene Behörden sind im Bereich der Arzneimittelsicherheit aktiv: Durch das in Deutschland geltende föderale System obliegt die Überwachung der Arzneimittelsicherheit den lokalen Überwachungsbehörden der Bundesländer, z. B. den Regierungspräsidien. Zur Aufgabe der Landesbehörden (z. B. einer Bezirksregierung) gehören ebenfalls die Qualitätssicherung von Arzneimitteln sowie die Überwachung der Apotheken und des sonstigen Einzelhandels mit Arzneimitteln. Die Überwachungsbehörden sind innerhalb der Zentralstelle der Länder für Gesundheitsschutz (ZLG) organisiert. Sie ist die zentrale Koordinierungsstelle der Länder für den Human- und Tierarzneimittelbereich und nimmt auch für Medizinprodukte eine herausragende Stellung ein.

Die Überwachungsbehörden sind somit die Exekutive des Arzneimittelgesetzes und spielen für die pharmazeutischen Hersteller und deren Zulieferer eine zentrale Rolle.

Der Schwerpunkt der Bundesoberbehörden, wie z. B. der des BfArM, beim Vollzug arzneimittelrechtlicher Vorschriften liegt auf der präventiven Marktkontrolle von der Zulassung bis zur Marktbeobachtung. Zu den Aufgaben gehören unter anderem:

- Zulassung und Registrierung von Arzneimitteln,
- Erfassung und Auswertung von Arzneimittelrisiken,
- Koordinierung der nach dem AMG zu ergreifenden Maßnahmen.

2

### 2.9.2 Kundenfragen

#### Fragen zur Arzneimittelsicherheit

**Wie wird die Arzneimittelsicherheit in Deutschland gewährleistet?**

- Alle Betriebe und Einrichtungen, die mit Arzneimitteln zu tun haben, werden **regelmäßig** von **Behörden** des **Bundes** und der **Länder überwacht**.

**Welche Behörden sind für die Arzneimittelüberwachung zuständig?**

- Für die Überwachung sind verschiedene Behörden zuständig. Für Humanarzneimittel ist das **Bundesinstitut für Arzneimittel und Medizinprodukte** zuständig. Das ist eine Bundesoberbehörde. Des Weiteren sind verschiedene Landesbehörden in der Arzneimittelüberwachung tätig.

**Wie erfolgt diese Arzneimittelüberwachung?**

- Die Behörden führen **Inspektionen** durch und ergreifen Maßnahmen, wenn sie Verstöße gegen bestimmte Vorschriften feststellen. Das geht hin bis zur Schließung des Betriebs.

**Wer überwacht die Arzneimittelhersteller im Ausland?**

- Sowohl **innerhalb** als auch außerhalb der **Europäischen Union** werden Inspektionen und Prüfungen bei den Arzneimittelherstellern automatisch gegenseitig anerkannt. Das bedeutet, dass die jeweiligen Länder die Ergebnisse der Überwachungen anderen Ländern offiziell mitteilen.

### 2.9.3 Hintergrund und Gesetz

Alle Betriebe und Einrichtungen, in denen Arzneimittel hergestellt, geprüft, gelagert, verpackt oder in den Verkehr gebracht werden oder in denen sonst mit ihnen gehandelt wird, werden regelmäßig von Behörden des Bundes und der Länder überwacht. Sie führen Inspektionen durch und ergreifen Maßnahmen, wenn sie Verstöße gegen die Vorschriften feststellen.

**Nationale Rechtsvorschriften** im Bereich zuständige Behörden und Überwachung:

- Arzneimittelgesetz: elfter Abschnitt, Überwachung,
  - § 64 Durchführung der Überwachung,
  - § 65 Probenahme,
  - § 66 Duldungs- und Mitwirkungspflicht,
  - § 67 Allgemeine Anzeigepflicht,
  - § 67a Datenbankgestütztes Informationssystem,
  - § 68 Mitteilungs- und Unterrichtungspflichten,
  - § 69 Maßnahmen der zuständigen Behörden,
- Arzneimittelgesetz: fünfzehnter Abschnitt, Bestimmung der zuständigen Bundesoberbehörden und sonstige Bestimmungen,
  - § 77 Zuständige Bundesoberbehörde,
  - § 77a Unabhängigkeit und Transparenz,
  - § 82 Allgemeine Verwaltungsvorschriften.

Innerhalb der Europäischen Union (EU) bzw. des Europäischen Wirtschaftsraums (EWR) werden Inspektionen automatisch gegenseitig anerkannt. Überwachungsmaßnahmen zu zentral zugelassenen Arzneimitteln werden von der Europäischen Arzneimittel-Agentur (EMA) mit den nationalen Zulassungs- und Überwachungsbehörden koordiniert. Auch außerhalb des EWR können Inspektionen gegenseitig anerkannt werden.

## 2.10 Produkte aus dem Drogeriemarkt

### 2.10.1 Einleitung

Nicht nur die Internet-Apotheken machen der Apotheke vor Ort Konkurrenz, sondern teilweise auch Drogeriemärkte oder das Gesundheitsangebot in Supermärkten. Viele Drogerie- und Supermärkte haben mittlerweile ein großes Sortiment an Gesundheitsmitteln. Auch das Sortiment an Vitaminen und Mikronährstoffen ist oft sehr umfangreich. Dass dieses lukrative Zusatzgeschäft der Nahrungsergänzungsmittel mittlerweile gänzlich an der Apotheke vorbeigeht, ist allerdings teilweise die eigene Schuld der Apotheken. Denn als Gegenmaßnahme haben die Apotheken Schütten mit 1-€-Vitamintabletten platziert. Viele Apotheken lehnen außerdem ein breites Angebot an Nahrungsergänzungsmitteln ab, weil Sie entweder von der Wirkung nicht überzeugt sind oder vielleicht auch, weil Sie ihren Kunden nichts „andrehen" wollen. Aber in Zeiten sinkender Margen sind Zusatzverkäufe umso wichtiger! Und das funktioniert nicht mit Billigprodukten.

Viele Firmen bieten Ihr Sortiment an Nahrungsergänzungsmitteln bereits exklusiv über Ärzte an und umgehen somit den Vertriebsweg der Apotheke. Das liegt nicht zuletzt an der oftmals ablehnenden Haltung vieler Apotheken gegenüber dieser Produktgruppe. Diese Entwicklung ist äußerst kritisch zu sehen. Wir Apotheken sollten das anbieten, womit die Kunden und Patienten uns assoziieren: mit qualitativ hochwertigen Produkten und nicht mit Ramsch. Also teuer, aber gut! Denn die Qualität der Produkte, die wir in unserer Apotheke verkaufen, hat eben ihren Preis. Und in dem Preis steckt ja auch unsere Beratungsqualität. Bleiben Sie dabei, bieten Sie hohe Qualität zu angemessenen Preisen an und überzeugen Sie mit Ihrer Beratung!



### 2.10.2 Kundenfragen

#### Fragen zu Drogeriemarktprodukten

**Im Drogeriemarkt habe ich ein Mittel gegen Erkältung gesehen. Ist das genauso gut, wie die Medikamente aus der Apotheke?**

- Vermutlich nicht! Da im Drogerie- oder Supermarkt **keine** apothekenpflichtigen **Arzneimittel** angeboten werden dürfen, haben diese Produkte nicht die **lindernde** oder **heilende** Wirkung der Mittel, die Sie in der Apotheke kaufen können.

**Warum sind viele Produkte, z. B. Tees, im Drogeriemarkt billiger?**

- Weil es eben **keine Arzneimittel** sind. Arzneimittel sind in Ihrer **Wirksamkeit** und **Sicherheit** geprüft, was auf die Produkte im Drogerie- und Supermarkt nicht zutrifft. Diese Produkte sind nur registriert und **nicht** von einer **Behörde zugelassen** und **geprüft**, im Gegensatz zu Arzneimitteln. Außerdem werden Arzneimittel unter ganz anderen **hygienischen Bedingungen** hergestellt. Letztendlich zahlen Sie als Kunde in der Apotheke einen höheren Preis für die **Qualität** des **Produkts** und für unsere **fachliche Beratung**.

**Wieso gibt es verschiedene Produkte z. B. Magnesium Verla® Apfel/Orange-Granulat oder Bepanthen Augentropfen® sowohl bei Ihnen in der Apotheke als auch im Drogeriemarkt?**

- Es gibt Produkte, die **nicht** als **Arzneimittel**, sondern z. B. als Medizinprodukt oder Nahrungsergänzungsmittel zugelassen oder registriert sind. Solche Produkte, die **kein Arzneimittel** nach dem **Arzneimittelgesetz**, und damit **nicht apothekenpflichtig** sind, dürfen im Drogeriemarkt angeboten werden.

### 2.10.3 Hintergrund und Gesetz

Die Verordnung über apothekenpflichtige und freiverkäufliche Arzneimittel (AMVerkRV) beschreibt und regelt, welche Arzneimittel im Sinne des § 2 Abs. 1 oder Abs. 2 Nr. 1 des Arzneimittelgesetzes für den Verkehr außerhalb der Apotheken freigegeben sind. Dies sind Arzneimittel, deren Anwendungsrisiken so gering sind, dass sie auch ohne pharmazeutische Beratung abgegeben werden können. Diese Präparate können im Freiverkauf in Apotheken oder auch in Drogerie- oder Supermärkten erworben werden.

Die Verordnung beschreibt auch solche Arzneimittel, welche in § 44 Abs. 2 des Arzneimittelgesetzes vom Verkehr außerhalb der Apotheken ausgeschlossen sind.

## 2.11 Die Lieferfähigkeit der Apotheke

### 2.11.1 Einleitung

Im heutigen Apothekenalltag ist es besonders durch die Einführung der Rabattverträge äußerst schwierig geworden, eine hohe Lieferfähigkeit bzw. geringe Defektquote zu erreichen (▸Kap. 3.3, ▸Kap. 3.8).

Für das pharmazeutische Personal ist es heutzutage leider an der Tagesordnung, den Kunden mehrmals täglich erklären zu müssen: „Das Medikament habe ich leider nicht vorrätig, ich bestelle es Ihnen aber gerne". Bestellungen von rezeptierten Medikamenten werden sich auch bei besonders guter Lagerhaltung niemals vermeiden lassen.

Ein (nörgelnder) Kunde, für den es völlig klar ist, dass sein Medikament schon wieder nicht vorrätig ist, gehört zum Apothekenalltag. Frei nach dem Motto: „Warum haben Sie so viele Kosmetikartikel, aber meine Medikamente müssen Sie immer erst bestellen?"

Jeder Kunde kommt natürlich in der Erwartung in die Apotheke, das Arzneimittel oder einen anderen von ihm gewünschten Artikel gleich mitzunehmen. Wenn das nicht klappt, ist er im besten Fall enttäuscht oder im schlimmsten Fall sauer. Da hilft keine noch so eingeübte Entschuldigung.

Aber mit einer guten Erklärung kann der Kunde die Situation der Apotheke vielleicht besser verstehen. Vor allem müssen Sie dem Kunden deutlich machen, dass die Liefersituation in anderen Apotheken vermutlich nicht besser ist und Sie das Arzneimittel sehr schnell bestellen und ggf. auch nach Hause liefern können.

## 2.11.2 Kundenfragen

### Fragen zur Lieferfähigkeit bei Arzneimitteln

**Wieso haben Sie mein Medikament nie vorrätig?**

- Wir haben zwar den **richtigen Wirkstoff** im Sortiment, aber leider nicht von genau dem Hersteller, mit dem Ihre Krankenkasse einen **Rabattvertrag** abgeschlossen hat.

**Das Medikament bekomme ich immer. Können Sie das nicht in Ihr Sortiment aufnehmen?**

- Das können wir sicher machen. Aber wenn Ihre Krankenkasse einen **neuen Rabattvertrag** für diesen Wirkstoff abschließt, bekommen Sie das Arzneimittel von einem **anderen Hersteller.** Und diesen haben wir dann vielleicht wieder nicht vorrätig.

**Warum können Sie nicht mehr Arzneimittel vorrätig haben?**

- Es gibt über 90 000 **zugelassene Arzneimittel.** Alle können wir nicht auf Lager haben. Die Lagerkosten wären sehr hoch. Außerdem gibt es viele **sehr teure** Arzneimittel, die selten oder gar nicht nachgefragt werden.

**Wissen Sie denn, ob eine andere Apotheke das Medikament vorrätig hat?**

- Leider nein. Aber vermutlich wird das eine andere Apotheke auch nicht vorrätig haben. Wir bestellen Ihnen gerne Ihr Arzneimittel **so schnell es geht!** Und wenn Sie nicht noch einmal kommen können, **liefern wir** es Ihnen gerne nach Hause.

**Kann mein Kind das Medikament auch abholen?**

- Nein, das geht leider nicht. Das Gesetz erlaubt es zwar grundsätzlich, Arzneimittel an Kinder abzugeben, aber aus folgenden Gründen tun wir dies sehr ungern:
- Arzneimittel sind ein **besonderes Gut.** Sie enthalten oft hochwirksame Substanzen, die im Körper zu Veränderungen an Organen, Nerven, am Blutbild oder im Stoffwechselgeschehen führen.
- Wir können das **Risiko** nicht eingehen, dass ihr Kind die Medikamente vielleicht selbst einnimmt. Sie werden verstehen, dass wir deswegen Arzneimittel nur unter **größtem Vorbehalt** an Kinder und Jugendliche aushändigen können.

## 2.11.3 Hintergrund und Gesetz

Im Januar 2015 bestehen laut Statistik des BfArM Zulassungen oder Registrierungen für insgesamt 99 768 Arzneimittel aller Therapierichtungen, davon etwa 47 000 rezeptpflichtige Arzneimittel (inkl. Betäubungsmittel und T-Rezept-Arzneimittel) [6]. Die durchschnittlichen **Defektquoten** in Apotheken liegen bei ca. 8–10 %.

Die verschiedenen EDV-Systeme der Apotheken erheben diese Daten sehr unterschiedlich und bei den Prozentwerten muss man im Hinblick auf die Vergleichbarkeit genau nachfragen, was gemeint ist und wie gerechnet wurde (Packungsbasis, Kundenbasis, inkl. Totalverluste, inkl. Besorger, Schicker etc.). In der Literatur findet man meist Werte von 5–10 %, wobei sich genau die vorstehenden Fragen ergeben. In einer Beispiel-Apotheke ergeben sich folgende Defektquoten:

- OTC: 6 %,
- Rx: 12–15 %,
- gesamt: 8–10 % [7].

## 2.12 Die Lieferung durch den Großhandel

### 2.12.1 Einleitung

Als unverzichtbarer Bestandteil der pharmazeutischen Versorgungskette trägt der pharmazeutische Großhandel dazu bei, die gesetzlich geforderte Versorgung der Bevölkerung mit Arzneimitteln über die Apotheken sicherzustellen.

Die Apotheke ist somit permanent auf den Großhandel angewiesen und muss sich darauf verlassen, dass die bestellte Ware pünktlich in der Apotheke eintrifft.

Es ist sehr unangenehm, einem Kunden zu einer bestimmten Uhrzeit ein Medikament versprochen zu haben und diese Zusage dann nicht einhalten zu können. Die Gründe dafür können vielfältig sein: Durch einen technischen Defekt kann es z. B. beim Großhandel zu Verzögerungen kommen oder der Fahrer des Großhandels kommt wegen Verkehrsbehinderungen zu spät.

In solchen Fällen können Sie Ihrem Kunden die ausgefeilte Logistik, die hinter einer Lieferung durch den Großhandel steckt, erläutern.

Der Kunde zeigt bestimmt Verständnis dafür, wenn er ein paar Minuten länger warten muss als vorgesehen.

Anders sieht es aus, wenn der Großhandel einen Artikel vergessen hat, nämlich meistens genau das Medikament, auf das ein Kunde wartet. Noch schlimmer ist es, wenn der Großhandel bzw. Fahrer eine ganze Kiste vergessen hat oder sie in einer anderen Apotheke gelandet ist und gleich mehrere Kunden betroffen sind.

Dann müssen Sie sich für Fehler entschuldigen, die Sie gar nicht zu verantworten haben. In solchen Situationen ist viel Fingerspitzengefühl gefragt!

Noch ein kleiner **Tipp**: Bestellen Sie ihre Kunden, sofern möglich, immer 15–30 Minuten später als die Lieferung bei Ihnen eintreffen sollte. Dadurch haben Sie einen Puffer und vermeiden so, dass der Kunde in der Apotheke ungeduldig auf sein Arzneimittel wartet.

### 2.12.2 Kundenfragen

#### Fragen zur Lieferung durch den Großhandel

**Wie lange dauert es, bis Sie mein bestelltes Medikament bekommen?**

- Das geht sehr schnell. Wir bekommen mehrmals täglich eine Lieferung von unserem Großhandel. Die nächste Lieferung, bei der Ihr Medikament dabei ist, kommt bereits um ... Uhr. Sie müssen also **nicht lange** darauf warten. Wir bieten Ihnen auch an, das Medikament zu Ihnen **nach Hause zu liefern**!

**Wie kommt es, dass Sie die Medikamente so schnell besorgen können?**

- Unser Großhandel verfügt über **modernste Technik** um jederzeit die von unserer Apotheke gewünschten Arzneimittel in **kürzester Zeit** zur Verfügung zu stellen.

**Kann es sein, dass die Lieferung vom Großhandel schon etwas früher kommt?**
- Das ist schwer zu sagen. Die Lieferung kommt von unserem Großhandel mit **einem Fahrer**. Wenn sehr viel Verkehr ist oder es bei unserem Großhandel ein logistisches Problem geben sollte, kann sich die Lieferung auch verzögern.

**Kommt es oft vor, dass sich eine Lieferung Ihres Großhandels verspätet?**
- Nein, gehen Sie davon aus, dass Sie Ihr Medikament **pünktlich** bei uns abholen können.

**Beim letzten Mal konnten Sie das Medikament sehr schnell besorgen, wieso dauert es jetzt länger?**
- Das kommt daher, weil Ihr Medikament bei unserem Großhandel hier in der Nähe nicht vorrätig ist. Das Medikament wird von unserem Großhandel aus **einer anderen Niederlassung**, die sich aber **nicht** hier **in der Nähe** befindet, besorgt. Deswegen dauert es dieses Mal leider etwas länger.

**Warum bekomme ich mein Medikament jetzt doch nicht zum zugesagten Zeitpunkt?**
- Das tut mir sehr leid, aber durch einen Fehler (der Logistik) bei unserem Großhandel bzw. durch einen Stau auf der Autobahn können leider nicht alle Medikamente pünktlich geliefert werden. Unsere Apotheke kann für **diesen Fehler nichts**, aber wir **arbeiten daran**, Ihnen Ihr Medikament **so schnell wie möglich zu besorgen.**

2

## 2.13 Arzneimittelzulassung

### 2.13.1 Einleitung

Die Sicherheit von Arzneimitteln in ihrer Anwendung besteht im Sinne des Nutzen-Risiko-Verhältnisses, d. h. eine durch Studien belegte Wirksamkeit bei gleichzeitigem geringen Risiko bzw. Nebenwirkungen im Rahmen einer sachgemäßen Anwendung.

Die Kenntnisse über die Sicherheit von Arzneimitteln sind allerdings zum Zeitpunkt ihrer erstmaligen Zulassung nicht vollständig.

Das deutsche Arzneimittelgesetz (AMG) sieht deshalb vor, dass nach der Zulassung eines Arzneimittels die Erfahrungen bei seiner Anwendung fortlaufend und systematisch gesammelt und ausgewertet werden (Anwendungsbeobachtungen). Dies bezieht sich auf alle in Deutschland auf dem Markt befindlichen Fertigarzneimittel.

Dass Medikamente in Ihrer Anwendung sicher sind, auch wenn es gelegentlich Arzneimittel gibt, die aufgrund einer nachträglichen negativen Nutzen-Risiko-Bewertung vom Markt genommen werden, steht für den Arzt, den Patienten und für uns als pharmazeutisches Personal zweifelsfrei fest. Allerdings kommt es immer wieder zu Marktrücknahmen aufgrund unerwünschter Arzneimittelwirkungen (UAW). Diese werden auch in Zukunft nicht verhindert beziehungsweise gänzlich ausgeschlossen werden können. Beispiel hierfür ist das Adipositasmittel Sibutramin, das 2010 zurück gerufen worden ist, weil es zu schwerwiegenden Herz-Kreislauf-Problemen führte.

Im April 2014 setzte das BfArM eine Empfehlung zur Risikominimierung metoclopramidhaltiger Arzneimittel um, die die europäische Arzneimittelbehörde EMA anhand einer Neubewertung zum Nutzen-Risiko-Verhältnis aussprach. Hintergrund waren das seit Langem bekannte Risiko für schwere neurologische Nebenwirkungen sowie die Gefahr von seltenen, aber ernsten kardiovaskulären Effekten.

### 2.13.2 Kundenfragen

#### Fragen zur Zulassung von Arzneimitteln

**Wie kommt ein Arzneimittel in Deutschland auf den Markt?**

- Für die Erlaubnis, ein Arzneimittel auf dem deutschen Markt zu verkaufen, benötigt der Hersteller des Arzneimittels eine **Zulassung**. Diese Zulassung erteilt das **Bundesinstitut** für **Arzneimittel** und **Medizinprodukte** (BfArM), eine Bundesoberbehörde.

**Was macht diese Behörde?**

- Das BfArM ist durch seine Aufgaben in den Bereichen Zulassung und Überwachung von Arzneimitteln in den **gesamten Produktzyklus** eingebunden. Möchte ein pharmazeutischer Unternehmer ein Arzneimittel entwickeln, muss er die dazu notwendigen klinischen Prüfungen vom BfArM genehmigen lassen. Nach erfolgreichem Abschluss der Studien kann er dann eine Zulassung beantragen. Diese erhält er nach entsprechender **Prüfung** ebenfalls durch das BfArM.

**Wird das Arzneimittel überwacht, wenn es auf dem Markt ist?**

- Nach der Zulassung überwacht das Bundesinstitut weiterhin die **Sicherheit** des Arzneimittels. Dazu wertet es Berichte über Nebenwirkungen aus. Weiterhin trifft es entsprechende Entscheidungen, um die **Risiken** für Sie als Verbraucher **zu minimieren**. Das nennt man Anwendungsbeobachtungen.

**Kommt es schon mal vor, dass unbekannte oder unerwartete Nebenwirkungen auftreten?**

- Ja, wenn Arzneimittel nach der Zulassung von vielen Patienten angewendet werden, können verschiedene Nebenwirkungen auftreten: **Seltene Nebenwirkungen** oder Nebenwirkungen, die z. B. nur bei bestimmten **Begleiterkrankungen** oder bei **gleichzeitiger** Gabe bestimmter **anderer Medikamente** auftreten. Diese sind vor der Zulassung in den **klinischen Prüfungen** nicht immer erkannt worden.

**Und was passiert dann?**

- Wenn die Nebenwirkungen zu **schwerwiegend** sind und das Risiko einer Anwendung des Arzneimittels zu hoch ist, dann kommt es zu einer **Marktrücknahme**, die das BfArM anordnet.

### 2.13.3 Hintergrund und Gesetz

Ein Schwerpunkt der Arbeit des BfArM ist die Zulassung von Fertigarzneimitteln auf der Grundlage des Arzneimittelgesetzes. Dabei wird der gesundheitliche Nutzen, d. h. die Wirksamkeit, die Unbedenklichkeit und die pharmazeutische Qualität geprüft.

Im Zulassungsverfahren wird geprüft, ob ein Arzneimittel wirksam und unbedenklich ist und die erforderliche pharmazeutische Qualität vorliegt. Die dazu notwendigen Zulassungsunterlagen werden von dem pharmazeutischen Unternehmer eingereicht, der das Arzneimittel auf den Markt bringen möchte.

Bestandteile der Zulassungsunterlagen sind analytische, pharmakologisch-toxikologische und klinische Prüfungen sowie entsprechende Sachverständigengutachten. Darüber hinaus muss der pharmazeutische Unternehmer seine Gebrauchs- und Fachinformationen, Kennzeichnungstexte und Angaben zu den Packungsgrößen vorlegen. Nicht zuletzt ist die genaue Beschreibung der vorgesehenen Pharmakovigilanz- bzw. des Risikomanagement-Systems Teil der Zulassungsunterlagen.

Gesetzliche Grundlage der Zulassung in Deutschland ist § 21 Abs. 1 Arzneimittelgesetz, dort sind die inhaltlichen Anforderungen an die Zulassungsunterlagen in den §§ 22–24 festgelegt.

Weiterhin gibt es Anwendungsbeobachtungen, wenn Arzneimittel zugelassen und auf dem Markt sind: Als Anwendungsbeobachtung (AWB) bezeichnet man im Bereich der medizinischen Forschung Studien, die dazu bestimmt sind, Erkenntnisse bei der Anwendung zugelassener oder registrierter Arzneimittel zu sammeln. Anwendungsbeobachtungen sind von klinischen Prüfungen – und somit auch von der Anwendbarkeit der §§ 40–42 Arzneimittelgesetzes abzugrenzen. AWBs finden sich in § 67 Abs. 6 des Arzneimittelgesetzes.



## 2.14 Arzneimittelinformationen

### 2.14.1 Einleitung

Über das Internet bekommen viele Ihrer Kunden die unterschiedlichsten Informationen über Arzneimittel oder Therapien. Ob diese Informationen immer inhaltlich richtig und seriös sind, ist äußerst zweifelhaft.

Besonders in diversen Foren tummeln sich selbsternannte Experten zu allen möglichen Themen, die mit „klugen“ Ratschlägen aufwarten.

Die ältere Generation, die vielleicht gar keinen Computer besitzt, greift gerne auf Zeitschriften wie Spiegel oder Bunte zurück. Gewiss sind bei solchen Zeitschriften meistens nur oberflächliche und selten gut recherchierte Beiträge über Gesundheitsthemen oder Arzneimittel enthalten.

Neuerdings versuchen auch viele Fitness-Studios Ihre Kunden bei Themen zur Gesundheit zu beraten, besonders rund um das Thema Abnehmen.

Bei unserer täglichen Beratung in der Apotheke werden wir oft mit diversen Gesundheitsmeldungen, Werbungen für zweifelhafte Produkte und Ratschlägen aus dem Umfeld des Kunden konfrontiert. Nur allzu oft müssen wir diese meist falschen Berichte, Meldungen oder auch Foreneinträge im Internet widerlegen. Leider ist das oft nicht so leicht, da viele Kunden bereits mit einer vorgefertigten Meinung die Apotheke betreten oder beratungsresistent sind. Im Umgang mit solchen Kunden ist es wichtig herauszustellen, dass wir die Experten in Sachen Arzneimittel sind!

Andere Berufsgruppen versuchen natürlich auch, sich in der Beratung rund um Gesundheitsthemen zu profilieren. Aber wenn es um die Gesundheit von unseren Kunden geht, und vor allem dann, wenn Arzneimittel im Spiel sind, gehört die Beratung in die Hände des pharmazeutischen Personals! (▸ Kap. 2.1). Frei nach dem Motto: „Starke Wirkung braucht starke Beratung aus der Apotheke“.

Die Informationen, die Ihre Kunden aus anderen Quellen in die Apotheke tragen und Sie damit konfrontieren, sollten allerdings nicht ins Lächerliche gezogen werden. Setzen

Sie Ihre fachliche Kompetenz dagegen! Wir müssen außerdem in diesem Kundengespräch konsequent und eindringlich vermitteln, dass die Informationen die wir weitergeben, aus jahrelanger Aus- und Weiterbildung stammen. Und ggf. bei den „alten Hasen“ unter uns aus jahrelanger Berufserfahrung.

### 2.14.2 Kundenfragen

#### Fragen zu Arzneimitteln

**Ich habe in einer Zeitschrift bzw. im Internet etwas über ein neues Schmerzmittel gelesen.**

- Seien Sie mit solchen Artikeln bitte vorsichtig! Wir sagen Ihnen warum solche Angebote bzw. Artikel **nicht immer seriös** sind. Außerdem sollten Sie Arzneimittel nur im **Bedarfsfall** kaufen und nicht, weil es irgendwo ein verlockendes Angebot oder einen Bericht gibt. Wir beraten Sie gerne und ausführlich.

**Vielen Dank für die Information. Ich schaue aber noch mal im Internet nach.**

- Das können Sie natürlich gerne machen. Aber alle wichtigen Informationen bekommen Sie hier in der Apotheke von **jahrelang ausgebildetem Fachpersonal**. Bitte gehen Sie eher skeptisch mit Informationen um, die Sie aus dem Internet beziehen. Man kann leider nie genau sagen, wer hinter diesen Informationen steckt. Lassen Sie sich lieber hier bei uns in der Apotheke in einem **persönlichen Gespräch** beraten.
- Denn hier können Sie in Ihrer **individuellen Angelegenheit** erfahren, ob eine Behandlung auf eigenes Risiko überhaupt empfehlenswert ist. Sollte dies der Fall sein, so können Sie sich sofort die notwendigen Medikamente empfehlen lassen. Zudem haben Sie die Garantie, deren **wirksamste Ausführung** zu erhalten.

**Warum soll ich mich zu Gesundheitsthemen nicht im Internet informieren?**

- Informieren können Sie sich. Aber bei allen Medikamenten ist immer die Beratung von Arzt oder Apotheker gefragt. Es ist wichtig, **Sicherheit** beim Arzneimittelgebrauch zu bekommen sowie **Neben-** und **Wechselwirkungen** zu vermeiden.

## 2.15 Apotheken-Ketten

### 2.15.1 Einleitung

In Deutschland herrscht noch das System der Freiberuflichkeit der Apotheker und der inhabergeführten Apotheken. Daran wird derzeit in Deutschland, im Gegensatz zu vielen anderen europäischen Ländern, noch festhalten: Apotheken-Ketten sind in Deutschland bisher nicht erlaubt. Das ist die Garantie für die flächendeckende Versorgung der Apotheken, vor allem in ländlichen Gebieten. Durch Apotheken-Ketten bestünde die Gefahr, dass der Apotheker ein reiner Verkäufer mit ausschließlich wirtschaftlichen Interessen wird und kein engagierter Berater mehr ist.

## 2.15.2 Kundenfragen

### Fragen zu Apotheken-Ketten

**Muss der Inhaber einer Apotheke immer ein Apotheker oder eine Apothekerin sein?**

- Ja, in Deutschland gibt es das sogenannte **Fremdbesitzverbot**. Das heißt, Apothekerinnen und Apotheker, die in Deutschland eine öffentliche Apotheke betreiben wollen, müssen diese **persönlich** und **eigenverantwortlich** leiten. Der Fremdbesitz, z. B. durch Kapitalgesellschaften, ist nach dem Apothekengesetz nicht gestattet.

**Gibt es in Deutschland Apotheken-Ketten?**

- Nein, richtige Apotheken-Ketten sind in Deutschland verboten. Das ist das sogenannte **Mehrbesitzverbot**. Es gibt aber einen sogenannten eingeschränkten Mehrbesitz.

**Was bedeutet eingeschränkter Mehrbesitz?**

- Apothekerinnen und Apotheker dürfen neben ihrer Hauptapotheke bis zu **drei Filialapotheken** betreiben. Für jede Filialapotheke ist ein verantwortlicher Apotheker zu benennen. Ansonsten gelten für die Filialapotheken bezüglich Personal und Ausstattung im Wesentlichen die gleichen Vorschriften wie für die Hauptapotheken.

**Sind Linda- oder Easy-Apotheken denn Apotheken-Ketten?**

- Nein, das sind keine Apotheken-Ketten. „LINDA Apotheken" und andere sind ein **Zusammenschluss** einzelner **inhabergeführter** Vor-Ort-Apotheken, die in gewissen Bereichen miteinander **kooperieren**.



## 2.15.3 Hintergrund und Gesetz

In Deutschland wurde das zuvor strikte Mehrbesitzverbot am 01.01.2004 gelockert: Apotheker dürfen seither gemäß § 1 Abs. 2 Apothekengesetz (ApoG) neben ihrer Hauptapotheke bis zu drei Filialapotheken betreiben.

Der Apotheker bleibt an der Spitze des Filialverbunds (Inhaber) und in den einzelnen Filialen (Filialleiter) erhalten.

Nach § 2 Abs. 4 Nr. 2 ApoG muss sich jede Filialapotheke in räumlicher Nähe zur Hauptapotheke befinden. Dies ist unproblematisch, wenn Apotheken in derselben kreisfreien Stadt oder demselben Landkreis liegen. Auch der jeweils räumlich angrenzende Kreis beziehungsweise die angrenzende kreisfreie Stadt sind schon nach dem Wortlaut der Vorschrift ausreichend benachbart. In der Rechtsprechung gibt es aber auch Fälle, in denen zwar eine vergleichbare geografische Nähe existiert, formal aber mehr als eine Landkreisgrenze zwischen den jeweiligen Apotheken liegt. So hat z. B. das Verwaltungsgericht Bremen (Verwaltungsgericht der Freien Hansestadt Bremen Az.: 5 K 1588/11) in einem Urteil eine Entfernung von 57 Kilometern und zirka 35 Minuten Fahrzeit trotz Überschreitens zweier Kreisgrenzen für dennoch ausreichend benachbart bezeichnet. Maßgeblich ist laut Rechtsprechung neben der Entfernung vor allem auch der Zeitaufwand, wobei bei Nutzung des öffentlichen Nahverkehrs die Anbindung und bei individueller Anfahrt typische Staustrecken oder witterungsbedingte Verzögerungen im Winter zu berücksichtigen sind.

Die Filiale findet sich im Apothekengesetz (ApoG) in folgenden Vorschriften:

- § 1 ApoG (Erlaubnisgrundsatz),
- § 2 ApoG (Voraussetzungen für die Erlaubniserteilung, Hauptapotheke),
- § 2 ApoG Abs.4 (Erweiterungen, Mehrbesitzverbot),
- § 7 ApoG (Pflicht zur persönlichen Leitung),
- § 25 ApoG (Ordnungswidrigkeiten).

Die vielerorts befürchtete Verpflichtung Deutschlands zu einer Lockerung oder gar Aufhebung des Fremdbesitzverbots wurde nicht erfüllt: In seinem Urteil vom 19. Mai 2009 hat der Europäische Gerichtshof in Luxemburg bestätigt, dass das Fremdbesitzverbot in Deutschland ein zulässiges und wirksames Instrument des Verbraucherschutzes ist.

Im Juni 2014 hat der Sachverständigenrat zur Begutachtung der Entwicklung im Gesundheitswesen eine Aufhebung des Fremd- und Mehrbesitzverbots gefordert. Die Bundesregierung teilte diese Einschätzung des Sachverständigenrats allerdings nicht.

Die Frage ist aber, wie lange das Fremd-und Mehrbesitzverbot in Deutschland noch aufrecht gehalten werden kann und wann dieses System erneut auf den Prüfstand kommt.

## 2.16 Altmedikamente

### 2.16.1 Einleitung

Als föderaler Staat ist das Thema Müll Aufgabe der Länder. Die meisten Bundesländer empfehlen heutzutage, abgelaufene oder nicht mehr benötigte Arzneimittel im Hausmüll zu entsorgen. Das gilt allerdings nicht für alle Arzneimittel: Spritzen und Kanülen dürfen nur in den Hausmüll, solange sie durchstichsicher verpackt sind. Nicht in den Hausmüll gehören alle Zytostatika sowie Sprays mit Restmengen z. B. Asthma-Dosieraerosole. Chemikalien zählen ebenfalls als Sondermüll. Quecksilberthermometer können bei der Verbrennung giftige Gase freisetzen und gehören deshalb auch in den Sondermüll. Infektiöse Materialien, z. B. aktive Impfstoffe, sollten ebenfalls besser dem Sondermüll zugeführt werden.

Natürlich können Apotheken weiterhin Altmedikamente als Serviceleistung entgegen nehmen, eine gesetzliche Rücknahmepflicht besteht aber nicht. Doch Patienten schätzen den Rücknahmeservice der Apotheken und haben das Gefühl, dass Ihre Altmedikamente sicherer entsorgt werden, als wenn Sie diese in den Hausmüll werfen.

### 2.16.2 Kundenfragen

#### Fragen zur Entsorgung von Arzneimitteln

**Wie sollten nicht mehr benötigte oder abgelaufene Arzneimittel entsorgt werden?**

- Sofern die Gebrauchsinformation (Beipackzettel) eines Arzneimittels keine speziellen Hinweise für die Entsorgung enthält, sollten Sie sich an folgenden Grundsätzen orientieren:
- Altmedikamente zählen zum Siedlungsabfall und können deshalb in den **Hausmüll** gegeben werden. Von den Altmedikamenten geht **keine** unmittelbare toxikologische **Gefahr** aus.

**Ist die Entsorgung über den Hausmüll eine sichere Entsorgung?**

- Ja, denn entgegen einer vielfach geäußerten Auffassung ist die Hausmüllentsorgung ein sicherer **Entsorgungsweg** für **Altmedikamente**. Denn seit dem 1. Juni 2005 wird in Deutschland der Hausmüll zuerst in Müllverbrennungsanlagen verbrannt oder mechanisch-biologisch vorbehandelt, bevor er in Deponien gelagert wird. Durch diese Verbrennung oder Vorbehandlung werden die ggf. in Restabfällen wie Altmedikamenten enthaltenen Schadstoffe weitgehend zerstört oder inaktiviert.

**Gibt es Medikamente, die man nicht über den Hausmüll entsorgen sollte?**

- Ja, **Spritzen** und **Kanülen** dürfen nur in den Hausmüll, solange sie **durchstichsicher** verpackt sind. Nicht in den Hausmüll gehören **Zytostatika** und **Asthmasprays mit Restmengen**. Diese Art der Arzneimittel sollten Sie in der Apotheke abgeben. Außerdem sollten sehr starke Schmerzmittel, die sogenannten **Betäubungsmittel**, auch über die Apotheke entsorgt werden.

**Sollte man bei der Entsorgung von Altmedikamenten noch etwas beachten?**

- Ja. Papierverpackungen werden in der **Papiertonne entsorgt**. Kunststoffverpackungen, also z. B. leere Blister, gehören in die **Gelben Tonnen** oder Säcke.
- Auch sollten die Medikamente **nicht** über die **Toilette** oder das **Waschbecken** entsorgt werden. Denn dies belastet den Wasserkreislauf.

**Kann ich meine abgelaufenen Medikamente auch in der Apotheke entsorgen lassen?**

- Ja, auch Apotheken bieten oftmals als **Serviceleistung** eine **freiwillige Rücknahme** von Altarzneimitteln an. Apotheken sind rechtlich aber nicht zu einer Rücknahme von Altarzneimitteln verpflichtet.

2

### 2.16.3 Hintergrund und Gesetz

Je nachdem in welchem Bundesland Ihre Apotheke sich befindet, gibt es ggf. unterschiedliche Regelungen, so wie z. B. in Berlin die „Medi-Tonne“.

In den meisten Bundesländern ist die Entsorgung von Altmedikamenten über den normalen Hausmüll empfohlen. (Siehe z. B. Broschüre „Alte Arzneimittel richtig entsorgen“ des Ministeriums für Umwelt und Naturschutz, Landwirtschaft und Verbraucherschutz des Landes Nordrhein-Westfalen).

Das Bundesministerium für Bildung und Forschung hat eine Internetseite geschaltet (www.arzneimittelentsorgung.de), in der sich Verbraucher über die verschiedenen Entsorgungswege von Arzneimitteln informieren können.

Unabhängig hiervon sehen vielfach Städte und Gemeinden neben der Hausmüllentsorgung weitere Möglichkeiten für eine Entsorgung von Altarzneimitteln vor (z. B. Schadstoffsammelstellen oder Schadstoffmobile). Auskünfte hierzu erteilt Ihnen Ihre Gemeinde.

Die Vernichtung von Betäubungsmitteln ist in § 16 BtM-Gesetz geregelt. Dabei müssen „nicht mehr verkehrsfähige Betäubungsmittel“ in Gegenwart von zwei Zeugen (drei Unterschriften) so vernichtet werden, dass eine Wiedergewinnung der Inhaltsstoffe nicht möglich ist und Mensch sowie Umwelt nicht gefährdet werden.

## 2.17 Arzneimittel und Steuer

### 2.17.1 Einleitung

Viele Apothekenkunden verlangen beim Arzneimittelkauf mit oder ohne Rezept sehr oft eine Quittung mit Namen für die Krankenkasse oder für Ihre Steuererklärung. Außerdem kommen gegen Ende des Jahres die ersten Stammkunden in die Apotheke und bitten um eine Aufstellung über ihre Arzneimittelausgaben für Ihre Steuererklärung. Aber nicht jeder Kunde weiß, dass Aufwendungen für Krankheiten steuerlich geltend gemacht werden können.

Natürlich sind wir als pharmazeutisches Personal keine Steuerberater. Aber durch den Hinweis gegenüber dem Kunden, dass man Krankheitskosten von der Steuer absetzen kann, können Sie sich als Apotheke mit einer besonderen Beratung hervorheben.

Krankheitskosten können die Einkommensteuer reduzieren. Es handelt sich um sogenannte außergewöhnliche Belastungen. Die Voraussetzung dafür ist, dass die Aufwendungen zwangsläufig entstanden sind. Dies ist dann der Fall, wenn die Aufwendungen zum Zwecke der Heilung oder Linderung einer Krankheit getätigt werden. Bei vorbeugenden Maßnahmen liegt dagegen keine Zwangsläufigkeit vor. Ebenso bei einer Krankheit, in deren Verlauf Folgekosten wie z. B. Verdienstausfall auftreten.

### 2.17.2 Kundenfragen

#### Fragen zur Anerkennung der Kosten für Arzneimittel bei der Steuer

**Lohnt es sich, Quittungen aus der Apotheke für die Steuererklärung zu sammeln?**

- Ja! Sammeln Sie über das Jahr genutzte **grüne Rezepte** und **Kaufquittungen** über Zuzahlungen und freiverkäufliche Arzneimittel. Ihre **Ausgaben** für **Arzneimittel** können Sie in Ihrer Einkommensteuererklärung geltend machen.

**Kann ich Kosten für Arzneimittel von der Steuer abziehen?**

- Ja, Kosten für Arzneimittel können als Krankheitskosten **steuerlich abziehbar** sein.

**Kann ich von der Apotheke eine Übersicht über alle meine Zuzahlungen bekommen?**

- Ja, aber nur, wenn Sie uns Ihr **Einverständnis** gegeben haben, **Ihre Daten** zu **speichern**. Dann können wir Ihnen gerne eine Aufstellung über Ihre Zuzahlungen und sonstigen Zahlungen erstellen.

**Was muss bei der steuerlichen Abziehbarkeit von Arzneimitteln beachtet werden?**

- Die **Notwendigkeit** der Arzneimittel muss durch eine **ärztliche Verordnung** nachgewiesen werden. Dabei spielt es keine Rolle, ob es sich um rezeptpflichtige Arzneimittel handelt.

**Können auch freiverkäufliche Medikamente steuerlich berücksichtigt werden?**

- Ja, auch Aufwendungen für rezeptfreie Arzneimittel können berücksichtigt werden, Sie müssen aber vom **Arzt verordnet** werden.

**Welchen Nachweis gegenüber dem Finanzamt benötige ich bei freiverkäuflichen Arzneimitteln?**

- Als Nachweis der Verordnung dient z. B. ein **Privatrezept** oder ein **grünes Rezept.**

**Benötigen chronisch Kranke auch immer eine Verordnung, um Medikamente steuerlich geltend zu machen?**

- Nein. Eine Ausnahme gilt für den ständigen Verbrauch an Arzneimitteln bei länger **andauernden Krankheiten**, z. B. bei Diabetes. Hier reicht die **einmalige Verordnung**. Der folgende Kauf von Arzneimitteln wird dann ebenfalls steuerlich berücksichtigt. Wir stellen Ihnen gerne eine Quittung mit Ihrem Namen und den Arzneimitteln aus, was als Nachweis ausreichend ist.

**Welche Krankheitskosten können noch steuerlich geltend gemacht werden?**

- Neben den Kosten für Arzneimittel können auch **folgende Aufwendungen** geltend gemacht werden: Zahnersatz, Zahnspangen, Hilfsmittel (Brillen, Hörgeräte), Fahrten zum Arzt oder zur Apotheke.

**Welchen Betrag meiner Gesundheitskosten kann ich von der Steuer abziehen?**

- Sie können leider nicht die ganze Summe Ihrer Krankheitskosten von der Steuer absetzen. Der Gesetzgeber verlangt, dass Sie eine **zumutbare Eigenbelastung** von den Aufwendungen abziehen.

**Wie hoch ist die zumutbare Eigenbelastung?**

- Das ist unterschiedlich. Die zumutbare Eigenbelastung hängt von vielen Faktoren ab, z. B. der **Höhe** Ihrer **Einkünfte**, **Familienstand** etc.



### 2.17.3 Hintergrund und Gesetz

Die genaue gesetzliche Definition bezüglich außergewöhnlichen Belastungen finden Sie in § 33 Einkommensteuergesetz (EStG). In § 33a EStG sind darüber hinaus außergewöhnliche Belastungen in besonderen Fällen geregelt und in § 33b EStG die Pauschbeträge für behinderte Menschen, Hinterbliebene und Pflegepersonen.

## 2.18 Der Umtausch

### 2.18.1 Einleitung

In Zeiten des serviceorientierten Einzelhandels und zunehmender Konkurrenz, vor allem aus dem Internet, ist es für den Kunden heutzutage normal, Einkäufe zum Händler zurückzubringen.

Auch in Apotheken wird gelegentlich versucht, ein Arzneimittel zurück zu bringen mit dem Hinweis, das Medikament würde ja doch nicht benötigt oder es sei das falsche Medikament gekauft worden.

Der Kunde reagiert dann im besten Fall erstaunt oder mit Unverständnis, im schlechtesten Fall verärgert, wenn man ihm mitteilt, dass ein Umtausch oder eine Rückgabe bei Arzneimitteln nicht möglich ist.

Manche Apotheken meinen auch, es sei gesetzlich verboten, Arzneimittel zurückzunehmen oder umzutauschen. Das ist aber nicht der Fall, im Arzneimittelgesetz (AMG) findet sich zu dieser Thematik keine Regelung.

Bei der Abgabe von Arzneimitteln an den Kunden oder Patienten in der Apotheke wird ein Kaufvertrag laut Bürgerlichem Gesetzbuch (BGB) geschlossen, der keine Rücknahmeverpflichtung beinhaltet.

Eine Verpflichtung von Apotheken zur Rücknahme von Medikamenten besteht nur dann, wenn das Arzneimittel zum Zeitpunkt der Abgabe mangelhaft ist oder von der Apotheke das falsche Medikament abgegeben wurde. Natürlich kann jede Apotheke freiwillig einen Umtausch anbieten oder ein Rückgaberecht einräumen.

Bei den folgenden Kundenfragen wird davon ausgegangen, dass Sie aus Qualitätsgesichtspunkten keiner Rücknahme zustimmen bzw. dass, wenn Sie ein Arzneimittel zurück nehmen würden, es nicht mehr in den Verkauf bringen sondern entsorgen.

### 2.18.2 Kundenfragen

#### Fragen zum Umtausch von Arzneimitteln

**Kann ich ein bei Ihnen gekauftes Medikament zurückgeben?**

- Nein, leider nicht. Das hat folgenden Grund: Sie als Kunde können sich bei uns in der Apotheke jederzeit auf die **Wirksamkeit** und **Unbedenklichkeit** eines einwandfreien Arzneimittels verlassen. Wir als Apotheke sind für die **sachgerechte Aufbewahrung** verantwortlich. Diese **Garantie** können wir **nicht** mehr **übernehmen**, wenn das Medikament die **Apotheke verlassen** hat.

**Kann ich das Medikament auch nicht zurückgeben, wenn ich es nicht einmal geöffnet habe?**

- Nein, da wir dem nächsten Kunden die **Unbedenklichkeit** des **Arzneimittels nicht** mehr **garantieren** können. Überlegen Sie bitte, ob Sie gerne ein Medikament einnehmen würden, dass schon mal bei **einer anderen Person** zu Hause gelegen hat.

**Können Sie da gar nichts machen?**

- Aus Kulanz und um Sie nicht als Kunden zu verlieren, nehmen wir das Arzneimittel ausnahmsweise zurück. Aus **Qualitätsgesichtspunkten** müssen wir das **Medikament** aber **entsorgen**, ein **Weiterverkauf** ist **nicht möglich.**

### 2.18.3 Hintergrund und Gesetz

§ 16 der Apothekenbetriebsordnung verpflichtet Apotheken dazu, Arzneimittel, Ausgangsstoffe, apothekenübliche Waren und Prüfmittel übersichtlich und so zu lagern, dass ihre Qualität nicht nachteilig beeinflusst wird und Verwechslungen vermieden werden. Dies kann nach der Auffassung z. B. der Apothekerkammern nicht mehr gewährleistet werden, wenn das Arzneimittel die Apotheke verlassen hat. Die Apotheke kann nicht nachvollziehen wie das Arzneimittel transportiert und unter welchen Bedingungen es aufbewahrt wurde, besonders bei bestimmten klimatischen Bedingungen wie extremer Hitze.

## 2.19 Arzneimittel im und aus dem Ausland

### 2.19.1 Einleitung

Kurz nach den Sommerferien kauft sich ein Kunde, der gerade von seiner Urlaubsreise zurückgekommen ist, seine Schmerztabletten in Ihrer Apotheke und verkündet lautstark und mit Unmut: „Die sind aber da viel billiger".

Dieses Thema ist sehr komplex und man kann die Kunden nicht nur über den Kauf von Arzneimitteln, sondern auch über die vermeintlich tieferen Arzneimittelpreise im Ausland umfassend informieren.

Außerdem, damit es bei Zoll- und Sicherheitskontrollen am Flughafen keine Probleme gibt, müssen die Kunden beim Packen für die nächste Urlaubsreise ebenfalls einiges beachten.

**Arzneimittelpreise im Ausland.** Deutschland dient als Referenzland für Arzneimittelpreise in mehreren europäischen Staaten. Da in Deutschland die Preise für patentgeschützte Arzneimittel nicht reguliert sind, liegen die Preise hier besonders hoch.

Die hohen Arzneimittelpreise in Deutschland haben dazu geführt, dass die pharmazeutischen Unternehmer bestrebt sind, neue Arzneimittel zuerst in Deutschland auf den Markt zu bringen, damit der hohe deutsche Preis als Referenzpreis auch Eingang in die internationalen Preisvergleiche anderer Länder findet.

Pharmazeutische Unternehmer haben deshalb ein strategisches Interesse, in Deutschland hohe Preise auszuhandeln. Zum einen ist Deutschland der größte Arzneimittelmarkt in Europa und bietet damit allein vom Umsatzvolumen her die höchsten Einnahmen für neue patentgeschützte Arzneimittel. Zum anderen steigert ein hoher deutscher Referenzpreis in allen europäischen Ländern, in denen die deutschen Arzneimittelpreise für internationale Preisvergleiche herangezogen werden, den berechneten Durchschnittspreis, der dann die Grundlage für die Kostenerstattung bildet.

### 2.19.2 Kundenfragen

#### Fragen zu Arzneimitteln im und aus dem Ausland

**Wieso sind in Deutschland die Preise für Arzneimittel so hoch?**

- So hoch sind die Preise für Medikamente in Deutschland gar nicht! Vergleicht man die durchschnittlichen **Arzneimittelpreise** in Europa, liegt Deutschland im **Mittelfeld.**

**Ich habe gehört, dass besonders rezeptpflichtige Medikamente in Deutschland sehr teuer sind.**

- Das trifft auf einige Medikamente sicher zu. Das liegt daran, dass Deutschland als sogenanntes **Referenzland** für Arzneimittelpreise in mehreren europäischen Staaten dient.

**Was bedeutet Referenzland für Arzneimittelpreise?**

- Das bedeutet, dass die **Preise** für bestimmte **Arzneimittel in Deutschland** in anderen Ländern als **Referenz dienen.** Dort werden die Preise dementsprechend gebildet. Wenn in Deutschland also die Preise niedriger wären, wären Sie in anderen Ländern ebenfalls billiger. Das wäre natürlich ungünstig für den Hersteller.

**Warum sind viele gängige Arzneimittel im Ausland deutlich billiger?**

- Ein Medikament ist schon aufgrund **verschiedener Mehrwertsteuersätze** von Land zu Land unterschiedlich teuer. Daneben wirkt sich auf die Preise von Arzneimitteln teilweise die **direkte staatliche Einflussnahme** aus. Des Weiteren gibt es unterschiedliche **gesetzlich festgelegte Margen** für die Handelsstufen, also für Apotheken und Großhandel.
- Die Arzneimittelpreise in Deutschland sind, wie in anderen Staaten auch, an das **Bruttoinlandprodukt** und die **jeweilige Kaufkraft** angepasst. Somit ergeben sich teilweise **erhebliche Preisdifferenzen** innerhalb Europas.

**Darf ich Medikamente aus dem Ausland mit nach Deutschland bringen?**

- Wenn Sie aus dem Urlaub kommen, können Sie aus **jedem Mitgliedstaat** der **Europäischen Union** und aus einem **Drittland** Arzneimittel mitbringen. Unerheblich hierbei ist, ob das Medikament rezeptpflichtig ist oder nicht.

**Wie viel Arzneimittel kann ich aus dem Ausland mit nach Deutschland bringen?**

- Bei der Einreise darf ein **persönlicher Bedarf** von maximal **drei Monaten** unter Berücksichtigung der allgemeinen Dosierempfehlungen mitgebracht werden. Man darf also **weder** für die **ganze Familie** noch einen **größeren Vorrat** an Arzneimittel aus dem Ausland einführen.

**Sind Arzneimittel im Ausland genau so sicher wie in Deutschland?**

- Das kommt auf das Land an. In Deutschland sind Arzneimittel sehr sicher. Je nach Land kommt es hin und wieder zu **Arzneimittelfälschungen**. Dies trifft besonders auf sogenannte Lifestyle-Medikamente wie Potenzmittel oder Diätpillen zu. Deswegen sollten Sie nach Möglichkeit die Medikamente, die Sie bei einer Urlaubsreise benötigen, aus **Deutschland mitbringen** und nicht vor Ort kaufen.

**Ich bin bei meiner Reise ins Ausland auf die Mitnahme von Medikamenten angewiesen. Muss ich dabei etwas beachten?**

- Ja, sie sollten eine aktuelle **Bescheinigung** Ihres **Hausarztes** mit sich führen, aus der Ihre besondere Situation hervorgeht. So vermeiden Sie ggf. Missverständnisse bei der Zollkontrolle. Auch sollten Sie sich stets über die **Einfuhrbestimmungen** im Reiseland informieren.

**Muss man bei der Mitnahme von Betäubungsmitteln auf Reisen etwas beachten?**

- Bei Betäubungsmitteln ist es unerlässlich, dass Sie eine **Bescheinigung** für das **Mitführen** von **Betäubungsmitteln** im Rahmen einer **ärztlichen Behandlung** dabei haben. Dieses bekommen Sie beim Bundesinstitut für Arzneimittel und Medizinprodukte. Wir drucken Ihnen gerne eine Bescheinigung aus.

**Kann ich in einer ausländischen Apotheke ein deutsches Rezept einlösen?**

- Wenn Sie auf Ihrer Auslandsreise ein deutsches Kassenrezept einlösen wollen, sollte dies möglich sein. Besser ist es aber, die für die Reise benötigten Medikamente **bereits** in **Deutschland** zu **besorgen**. Es besteht die Möglichkeit, dass genau ihr benötigtes Medikament nicht in der gleichen Zusammensetzung im Ausland zur Verfügung steht.

**Bekomme ich mit einem Rezept aus dem Ausland auch in einer deutschen Apotheke Medikamente?**

- Wenn Sie im EU-Ausland ein Arzneimittel verschrieben bekommen haben, ist es ratsam, das Rezept auch in Ihrem **Reiseland** einzulösen. Aber Sie können das Rezept auch **in Deutschland einlösen**. In diesem Fall wird es allerdings wie ein Privatrezept behandelt. Das heißt: Sie müssen die **Kosten** zunächst **vollständig selbst bezahlen**. Für die Erstattung der Kosten reichen Sie den Beleg bei Ihrer Krankenkasse ein.

### 2.19.3 Hintergrund und Gesetz

Werden Arzneimittel von Urlaubern mitgebracht, spricht man nicht von einer Einfuhr wie bei größeren Mengen durch pharmazeutische Hersteller, sondern lediglich von der Verbringung nach § 73 AMG.

Bei der Einreise oder Wiedereinreise nach Deutschland dürfen Arzneimittel in einer dem üblichen persönlichen Bedarf des Reisenden entsprechenden Menge eingeführt werden (§ 73 Abs. 2 Nr. 6 oder 7 AMG).

Als üblicher persönlicher Bedarf ist dabei ein Bedarf von maximal drei Monaten je Arzneimittel, unter Berücksichtigung der Dosierungsempfehlungen, anzusehen. Hierbei kommt es nicht darauf an, ob die Arzneimittel bereits aus Deutschland mitgenommen wurden und hierher zurück verbracht werden oder ob sie im Ausland erworben wurden. Ebenfalls ist es unerheblich, ob die Arzneimittel in Deutschland zugelassen bzw. registriert sind.

Jedoch ist zu beachten, dass Präparate, die im Ausland frei gehandelt werden, wie z. B. Nahrungsergänzungsmittel, hoch dosierte Vitaminpräparate oder rein pflanzliche Naturheilmittel, insbesondere wenn diese als Mittel zur Behandlung von Krankheiten dargestellt werden, in Deutschland als Arzneimittel gelten können und damit dem Arzneimittelgesetz unterliegen. Auf die arzneimittelrechtlichen Bestimmungen des Landes, in dem das Präparat erworben wurde, kommt es dabei nicht an.

Generell verboten ist das Verbringen von gefälschten Arzneimitteln nach Deutschland (§ 73 Abs. 1b AMG).

## 2.20 Die elektronische Gesundheitskarte

### 2.20.1 Einleitung

Inzwischen haben alle Versicherten ihre persönliche elektronische Gesundheitskarte erhalten. Seit dem 1. Januar 2015 gilt ausschließlich die elektronische Gesundheitskarte als Berechtigungsnachweis für die Inanspruchnahme von Leistungen beim Arzt und beim Zahnarzt.

Allerdings hält sich der Mehrwert des Plastikkärtchens mit eingebautem Chip bislang (Stand: Januar 2015) in überschaubaren Grenzen: Sie zeigt in der Regel ein Foto des Versicherten. Viel mehr bietet sie nicht. Gespeichert sind derzeit lediglich die sogenannten Stammdaten wie Name, Geburtsdatum und Adresse des Patienten. Wann mit der Karte wie geplant auch ein elektronisches Rezept gelesen oder eine Patientenakte verschickt werden könnte, steht weiter in den Sternen. Das Projekt ist inzwischen zehn Jahre alt und verursachte Kosten in Höhe von einer Milliarde Euro [8].

Durch die Einführung der elektronischen Gesundheitskarte verspricht man sich vor allem eine verbesserte Qualität und verbesserten Service für die Versicherten. Dies soll vor allem geschehen durch eine bessere Versorgungsqualität, eine höhere Behandlungssicherheit, eine effizientere Notfallbehandlung, eine bessere Arzneimittelsicherheit und mehr Datentransparenz für die Versicherten. Ob das wirklich so sein wird, wird sich in den nächsten Jahren zeigen!

## 2.20.2 Kundenfragen

### Fragen zur elektronischen Gesundheitskarte

**Welche Vorteile hat die elektronische Gesundheitskarte?**

- Man erhofft sich hieraus viele **Vorteile** in der **täglichen Arbeit** für alle Beteiligten, also für die Versicherten, die Krankenkassen, die Ärzte und die Apotheken.

**Gibt es das elektronische Rezept schon?**

- Nein, die Entwicklung dafür ist erst in der ersten Stufe. Derzeit sind nur **administrative Daten** von Ihnen, also Name, Geburtsdatum und Anschrift sowie Angaben zur Krankenversicherung, gespeichert.
- Das elektronische Rezept befindet sich derzeit noch in der **Testphase** und wird nach und nach flächendeckend eingeführt.

**Welche Vorteile hat das elektronische Rezept?**

- Das hat den Vorteil, dass wir **Arzneimittelrisiken** besser überprüfen können, auch wenn Sie Ihre Rezepte nicht immer in derselben Apotheke einlösen.

**Muss ich mein elektronisches Rezept immer persönlich in der Apotheke einlösen?**

- Nein, ein elektronisches Rezept kann beispielsweise auch für einen bettlägerigen Familienangehörigen von dessen **Vertreter** eingelöst werden.

## 2.20.3 Hintergrund und Gesetz

Die Einführung der elektronischen Gesundheitskarte (eGK) ist im Fünften Buch Sozialgesetzbuch (SGB V) gesetzlich geregelt:

- § 291 SGB V legt fest, wie die Umstellung von der bisherigen Krankenversichertenkarte auf die eGK erfolgen soll,
- § 291a SGB V regelt zudem, für welche primären Anwendungen die eGK genutzt werden soll und wer auf die medizinischen Daten zugreifen darf.

# 3 Rund um das Rezept

## 3.1 Das Rezept

### 3.1.1 Einleitung

Die vom Arzt ausgestellten Rezepte können rosa, blau, gelb, grün oder weiß sein.

Das zumeist anzutreffende rosa Kassenrezept wird bei Verordnungen, die zu Lasten der gesetzlichen Krankenkassen abgerechnet werden, verwendet und darf höchstens drei Verordnungen beinhalten.



- Ist ein Kunde privat versichert, so werden blaue oder weiße Privatrezepte ausgestellt.
- Bei grünen Rezepten handelt es sich um Empfehlungen des Arztes, in den meisten Fällen für rezeptfreie Medikamente (▸ Kap. 3.7).
- Betäubungsmittelrezepte sind immer gelb, egal ob ein Kassen- oder Privatrezept in der Apotheke vorgelegt wird. Bei weißen Rezepten handelt es sich um sogenannte T-Rezepte (▸ Kap. 3.1.3).

Die Apotheke unterliegt bei rezeptpflichtigen Arzneimitteln dem sogenannten Kontrahierungszwang. Das bedeutet, dass die Verordnung des Arztes in angemessener Zeit beliefert werden muss. Ergeben sich jedoch pharmazeutische Bedenken, Unklarheiten, Anhaltspunkte für Irrtümer, oder besteht ein Verdacht auf Arzneimittelmissbrauch, so darf die Verordnung von der Apotheke nicht beliefert werden, ehe die Unklarheiten beseitigt sind.

Rezepte gelten als Urkunden. Verändert ein Patient oder die Apotheke sie eigenmächtig oder bringt ein Patient gefälschte Rezepte in den Umlauf, besteht der Strafbestand der Urkundenfälschung.

Die Eingabe eines Kassenrezepts in die EDV und das Herausfinden des richtigen Arzneimittels dauert oft länger, da vor der Belieferung unzählige Punkte zu überprüfen sind. Nicht nur, dass der Kunde durch den Rabattvertrag oft nicht das vom Arzt verordnete Arzneimittel bekommt.

Nein, dieser zusätzliche Zeitaufwand erregt häufig auch den Unmut des Kunden, was meist nur der Mimik des Patienten zu entnehmen ist. Dadurch fehlt leider auch die Bereitschaft, sich nach der Recherche der abzugebenden Präparate auch noch pharmazeutisch beraten zu lassen. Auch wenn die Bearbeitung eines Kassenrezepts uns oft vor eine große bürokratische Aufgabe stellt, ist das doch das Herzstück unserer täglichen Arbeit.

### 3.1.2 Kundenfragen

#### Fragen zum Rezept

**Muss ich mein Kassenrezept sofort bei Ihnen einlösen?**

- Nein, Kassenrezepte müssen **innerhalb** von **vier Wochen** in einer Apotheke eingelöst werden. Akute Verschreibungen, also z. B. Antibiotika-Rezepte, sollten allerdings **unmittelbar** nach Ausstellung eingelöst werden.

**Ist mein Rezept ungültig, wenn ich es nicht innerhalb von vier Wochen eingelöst habe?**

- Nein, ungültig ist es nicht. Es ist dann noch **zwei weitere Monate** gültig, kann aber nur noch als **Privatrezept** behandelt werden. Die **Krankenkassen übernehmen** die **Kosten** für das Medikament dann **nicht mehr**.

**Sind alle Rezepte nur vier Wochen gültig?**

- Nein. Gelbe Rezepte, sogenannte Betäubungsmittel Rezepte **sind nur 8 Tage** ab Ausstellungsdatum gültig. Privatrezepte sind drei Monate gültig und grüne Rezepte besitzen kein Verfalldatum.

**Wie wird ein Kassenrezept von der Apotheke bearbeitet?**

- Bei Kassenpatienten müssen eventuelle **Rabattverträge** geprüft und umgesetzt werden. Des Weiteren müssen wir alle **formellen Angaben** auf dem Rezept prüfen. Das ist für uns besonders wichtig, weil uns bereits bei **geringsten Formfehlern** eine sogenannte Vollretaxation droht. Die **Krankenkasse bezahlt** unserer Apotheke in diesem Fall **nichts** für das Ihnen abgegebene, manchmal auch sehr teure Arzneimittel.

**Darf man handschriftlich auf dem Rezept etwas verändern?**

- Nein, das hätte zur Folge, dass das Rezept **ungültig** ist bzw. die Apotheke auf den Kosten des Medikaments sitzen bleibt, weil die **Krankenkasse** das **Rezept nicht** mehr **anerkennt**.

### 3.1.3 Hintergrund und Gesetz

Gesetzlich Versicherte bekommen das **rosa Kassenrezept**. Es ist in den meisten Fällen einen Monat lang gültig. Wie viele Tage dies genau entspricht – also ob 28 oder 30 Tage – wird bei den Krankenkassen und manchmal auch in verschiedenen Bundesländern unterschiedlich gehandhabt.

Die gleiche Regelung gilt für Sprechstundenbedarfs-Rezepte.

Bei bestimmten Wirkstoffen weicht die Gültigkeit des roten Kassenrezepts ab. Dies gilt z. B. für Medikamente zur Behandlung von Akne (Isotretinoin-Rezepte) für Frauen im gebärfähigen Alter: Hier ist die Gültigkeit 8 Tage inkl. Verschreibungsdatum. Ein Behandlungszeitraum von 30 Tagen darf hierbei nicht überschritten werden.

Privatversicherte bekommen meistens blaue oder weiße Privatrezepte.

Darüber hinaus werden Privatrezepte auch bei GKV-Patienten verwendet, wenn ein rezeptpflichtiges Arzneimittel nicht zu Lasten der GKV verordnet werden darf, z. B. bei der Verordnung sogenannter Lifestyle-Medikamente, wie verschreibungspflichtige Potenz- oder Diätpillen. Privatrezepte sind im Normalfall drei Monate lang gültig.

Mit dem **gelben Betäubungsmittelrezept** (BtM-Rezept) verordnet der Arzt Arzneimittel, die unter das Betäubungsmittelgesetz fallen. Dazu gehören z. B. starke Schmerzmittel, Medikamente gegen die Aufmerksamkeitsdefizit-Hyperaktivitätsstörung (ADHS) oder Drogenersatzstoffe wie Methadon. Da die Medikamente bei Missbrauch gefährliche Wirkungen zeigen können, gelten diese Rezepte nur 8 Tage inklusive Verschreibungsdatum. Sie bestehen aus drei Teilen: Einer bleibt beim Arzt, einer in der Apotheke und ein Exemplar geht zur Abrechnung an die Krankenkasse. Die Rezepte sind seit einiger Zeit individuell kodiert und somit ziemlich fälschungssicher.

Das weiße, zweiteilige **T-Rezept**:

- Der Arzt verordnet auf diesem Rezept nur Medikamente mit den Inhaltsstoffen Thalidomid, Pomalidomid oder Lenalidomid.
- Arzneimittel mit diesen Stoffen kommen eher selten vor. Die Rezepte sind nur sechs Tage einlösbar.
- Apotheken sind verpflichtet, wöchentlich die Durchschläge der von ihnen belieferten T-Rezepte an das BfArM zu schicken.

Das sogenannte T-Register des BfArM überwacht die Verschreibung und Abgabe von Arzneimitteln, die die o. a. Wirkstoffe enthalten. Einerseits wurde sowohl für Lenalidomid (Juni 2007) als auch für Pomalidomid (im September 2013) und Thalidomid (im April 2008) im europäischen Zulassungsverfahren die Wirksamkeit bei der Behandlung des multiplen Myeloms, einer Krebserkrankung des Knochenmarks, belegt.

Andererseits sind alle drei Wirkstoffe fruchtschädigend (teratogen). Thalidomid war der Auslöser der Contergan-Katastrophe, die in den Jahren 1961 und 1962 aufgedeckt wurde.

Um zu verhindern, dass es bei solchen Therapien erneut zu Missbildungen bei Neugeborenen kommt, hat die Europäische Kommission in ihren Zulassungsentscheidungen die EU-Mitgliedstaaten verpflichtet, besondere Sicherheitsmaßnahmen einzuhalten. In Deutschland sind diese Maßnahmen in der Arzneimittelverschreibungsverordnung (§ 3a AMVV) und der Apothekenbetriebsordnung (§ 17, Abs. 2b und 6b ApBetrO) sowie den Bekanntmachungen des BfArM festgeschrieben.

In der Apotheke besteht nach § 17 der Apothekenbetriebsordnung (ApBetrO) ein „Kontrahierungszwang“ für verschreibungspflichtige Medikamente, d. h., dass die Apotheke grundsätzlich verpflichtet ist, einen Kaufvertrag mit dem Patienten in Bezug auf diese Medikamente abzuschließen und die Verschreibung in angemessener Zeit auszuführen.

## 3.2 Die Zuzahlung

### 3.2.1 Einleitung

Bei den Zuzahlungen bei Kassenpatienten, die mit einem Rezept in die Apotheke kommen, gibt es weit mehr als nur gebührenpflichtig oder gebührenfrei.

Sie wissen es selber, oder werden es als Neuling in der Apotheke schnell merken, wie viele Sonderfälle bei den Zuzahlungen jeden Tag in der Apotheke auftreten. Daher empfiehlt es sich, den Kunden genauestens über dieses Thema informieren zu können. Das trifft auch für das nächste Kapitel zu (▸Kap. 3.4, Sonderfälle wie Sprechstundenbedarf, Unfallrezepte etc. werden hier nicht behandelt).

### 3.2.2 Kundenfragen

#### Fragen zur Zuzahlung

**Was versteht man unter der Zuzahlung?**

- Die Zuzahlung oder auch Rezeptgebühr stellt eine Form des fixen Selbstbehaltes, also eine **Selbstbeteiligung** des **Kunden** dar. Die Krankenversicherung übernimmt die Kosten für die Arzneimittel, Sie als Kunde tragen einen **Teil** davon als **Zuzahlung** mit.

**Wie hoch ist die Zuzahlung?**

- Die Zuzahlung beträgt **10 %** des Arzneimittelpreises bei Medikamenten, die zwischen 50 und 100 € kosten. Wenn das Arzneimittel mehr als 100 € kostet, zahlen Sie aber **maximal 10 €** dazu.
- **5 €** zahlen Sie für Arzneimittel, die zwischen 5 € und 50 € kosten.
- Kostet das Medikament **weniger als 5 €**, tragen Sie als Patient die Kosten selbst.

**Was macht die Apotheke mit der Zuzahlung?**

- Die Apotheke **leitet** die Zuzahlung an die entsprechende **Krankenversicherung** des Patienten **weiter**. Das funktioniert über eine zentrale Abrechnungsstelle.

**Wer muss die Zuzahlung leisten?**

- **Alle** Kunden, die ein Arzneimittel auf Kassenrezept in der Apotheke holen, die **volljährig sind** und **keine Zuzahlungsbefreiung** haben.

**Wie kann ich mich von der Zuzahlung befreien lassen?**

- Es gibt eine sogenannte **Belastungsgrenze** für Zuzahlungen: Sie liegt bei 2 % des Bruttoeinkommens, für chronisch Kranke bei 1 %.
- Ist die Belastungsgrenze im laufenden Jahr erreicht, bescheinigt Ihnen das Ihre Krankenkasse. Als Versicherter ist man dann für den Rest des Jahres von **allen Zuzahlungen** befreit.

**Gilt die Belastungsgrenze nur für Arzneimittel?**

- Nein, in diese Rechnung fließen **nicht nur** die **Zuzahlungen** für **Arzneimittel** ein, sondern auch der Eigenanteil für stationäre Behandlung und die Zuzahlung bei Heilmitteln (z. B. Ergotherapie) und häuslicher Krankenpflege.

**Wie ist die Zuzahlungs-Regelung bei Kindern und Jugendlichen?**

- **Kinder** und **Jugendliche unter 18 Jahren** sind von allen Arzneimittel-Zuzahlungen befreit. Das gilt aber nur für rezeptpflichtige Medikamente. Für **Kinder unter 12 Jahren** sowie Jugendliche mit Entwicklungsstörungen bis zum vollendeten 18. Lebensjahr gilt außerdem, dass grundsätzlich alle **Arzneimittel erstattungsfähig** sind. Also in der Regel werden in diesen Fällen auch **nicht rezeptpflichtige** Medikamente von der Kasse bezahlt.

**Wieso muss ich für mein Kind, das unter 12 Jahre alt ist, etwas zuzahlen, wenn der Arzt ein Nasenspray auf ein Kassenrezept verschreibt?**

- Dann liegt der Verkaufspreis des speziellen Nasensprays vermutlich über der sogenannten Festbetragsdifferenz (▸Kap. 3.4). Das ist eine Ausnahme, die leider auch Kinder, Jugendliche und **zuzahlungsbefreite Patienten** betrifft.

**Wie kommt es, dass ich für ein Medikament nichts bezahlen muss, obwohl ich keine Befreiung habe?**

- Es gibt viele Arzneimittel mit **vergleichbarer Wirkung** und Qualität und zum Teil auch identischer Zusammensetzung. Deren Preise können aber sehr unterschiedlich sein. **Gesetzliche Regelungen** machen es möglich, dass es heute mehrere tausend **zuzahlungsfreie** Arzneimittel gibt. Grundlage sind die sogenannten **Festbeträge** für **Arzneimittel** und die **Rabattverträge** der Krankenkassen mit den Herstellern.

**Wie erfahre ich, ob das mir verordnete Arzneimittel zuzahlungsfrei ist?**

- Wir können Sie in unserer Apotheke bei Bedarf anhand einer **14-tägig aktualisierten Liste** informieren, ob Ihr Arzneimittel zuzahlungsfrei ist oder ob es eine **zuzahlungsfreie** Variante gibt.

**Mein Arzt hat mir gesagt, dass mein Medikament zuzahlungsfrei ist. Warum muss ich doch etwas zu zahlen?**

- Die Software des Arztes wird **nicht so oft aktualisiert**, wie die in unserer Apotheke. Die Apotheken bekommen **alle 14 Tage** eine **aktualisierte Liste**. Ihr Arzt hat vermutlich keine aktuelle Liste und geht somit irrtümlich von einem zuzahlungsfreien Medikament aus.

**Vor ein paar Monaten war mein Arzneimittel noch zuzahlungsfrei. Jetzt muss ich plötzlich wieder eine Zuzahlung leisten. Wie kann das sein?**

- Das liegt daran, dass der Hersteller Ihres Arzneimittels den **Verkaufspreis erhöht** hat und somit nicht mehr unter dem Festbetrag liegt.

### 3.2.3 Hintergrund und Gesetz

Die gesetzlichen Regelungen über die Zuzahlung von Arzneimitteln finden sich im SGB V § 31 Abs. 3 Satz 1 und § 61 Satz 1.

## 3.3 Die Rabattverträge

### 3.3.1 Einleitung

Seit dem Beginn der Rabattverträge am 1. April 2007 fordert die Umsetzung immer noch viel Aufmerksamkeit im Kundengespräch. Besonders für ältere Menschen ist diese Thematik schwer bis überhaupt nicht zu verstehen und äußerst unübersichtlich, sofern mehrere Medikamente vom Arzt verordnet sind und diese aufgrund der Rabattverträge häufig wechseln.

Sie als Apotheke haben jeden Tag mehrmals die Rabattverträge neu zu erklären, vor allem dann, wenn mal wieder eine neue Ausschreibung der Krankenkassen umgesetzt wurde und viele Versicherte nun „andere“ Medikamente bekommen.

Zwei Dinge sind im Kundengespräch besonders wichtig:

- Geben Sie eine kurze aber trotzdem anschauliche sowie einprägsame Erklärung der Umsetzung der Rabattverträge in der Apotheke.

- Verständnis, Verständnis und noch mal Verständnis gegenüber den Kunden, die oft – wie Sie vielleicht auch selbst – kein Verständnis für die Situation (mehr) haben.

Das pharmazeutische Personal, das tagtäglich die Rabattverträge umsetzen muss, hat ja auch kein Verständnis mehr für diese ständigen Änderungen. Ihnen ist es ja sicherlich auch unangenehm, den Kunden schon wieder ein „neues" Medikament abgeben zu müssen. Also zeigen Sie das ruhig und „verbünden" Sie sich mit Ihren Kunden! Sagen Sie z. B., dass Sie als Apotheker bzw. PTA finden, dass der Patient im Mittelpunkt stehen muss und nicht die wirtschaftlichen Überlegungen der Krankenkassen!

Natürlich nehmen es viele Kunden auch einfach hin nicht **genau das** zu bekommen, was auf dem Rezept steht, äußern sich aber dennoch negativ gegenüber dem Apotheken-Personal oder man merkt Ihnen Ihre Bedenken deutlich an. Auch diesen Kunden können Sie die leidige Situation noch einmal in aller Ruhe erklären. Damit helfen Sie Ihren Kunden, die Apotheke mit einem guten und sicheren Gefühl zu verlassen und nicht mit Zweifeln über den Austausch des Arzneimittels.

Problematisch wird es bei Kunden, die nicht zu Ihren Stammkunden zählen und sonst in eine Apotheke gehen, die Rabattverträge ständig legal oder auch illegal umgehen.

Prüfen Sie für sich, wie Sie bei solchen Kunden vorgehen. Machen Sie einmal eine Ausnahme (z. B. mit der Sonder-PZN „pharmazeutische Bedenken"), kann diese Ausnahme schnell zur Regel werden. Und genau diese Kunden, bei denen Sie einmal eine Ausnahme gemacht haben, geben sich beim nächsten Mal eben nicht damit zufrieden, sondern benutzen ihr Zuvorkommen vom letzten Mal nun gegen Sie und erwarten, dass Sie erneut eine Ausnahme machen.

## 3.3.2 Kundenfragen

### Fragen zum Rabattvertrag

**Was bedeutet das eigentlich: Rabattvertrag?**

- Es gibt einen **Wettbewerb** in der Versorgung der Patienten mit Arzneimitteln. Das bedeutet, dass Krankenkassen und Arzneimittelhersteller wie z. B. Ratiopharm oder Stada Preisverhandlungen führen. Sie vereinbaren **Preisnachlässe** (Rabatte) auf verschriebene Arzneimittel. Den Vertrag zwischen Krankenkasse und Arzneimittelhersteller nennt man Rabattvertrag.

**Warum geben Sie mir nicht genau das, was mein Arzt verordnet hat?**

- Der Grund liegt in dem Rabattvertrag, den Ihre Krankenkasse mit dem Arzneimittelhersteller vereinbart hat. Wichtig ist, dass Sie ein Arzneimittel mit **gleichem Wirkstoff** und mit **gleicher Qualität** bekommen wie das, das Ihnen der Arzt aufgeschrieben hat.

**Ist das denn dann genau dasselbe Arzneimittel?**

- Genau dasselbe Arzneimittel ist es nicht, es kann ggf. ein Unterschied in der Zusammensetzung geben. Das betrifft aber ausschließlich die **Hilfsstoffe** und nicht den oder die Wirkstoffe. Sie können sich also darauf verlassen, dass das Arzneimittel gleich wirken wird.

**Können Sie bei mir nicht mal eine Ausnahme machen?**

- Leider nein. Dieser Vertrag wurde zwischen Ihrer Krankenkassen und dem Arzneimittelhersteller ausgehandelt und wir sind **gesetzlich** dazu **verpflichtet**, diesen Vertrag umzusetzen.

**Ich brauche diese Arzneimittel schon sehr lange. Warum geben Sie mir denn dauernd anders aussehende Tabletten?**

- Jeder Rabattvertrag ist zeitlich auf **zwei Jahre begrenzt.** Danach werden erneut Preisverhandlungen geführt. Das kann dazu führen, dass ein anderer Arzneimittelhersteller beim nächsten Mal ein günstigeres Angebot macht. Ist das der Fall, bekommen Sie in Zukunft das gleiche Medikament von einem anderen Arzneimittelhersteller.

**Gibt es denn eine Möglichkeit diesen Austausch zu verhindern?**

- Ja, es gibt im Prinzip drei Möglichkeiten:
- Will der Arzt, dass Sie ein ganz bestimmtes Arzneimittel bekommen, muss er auf dem Rezept das Feld, das mit **aut idem** beschriftet ist, ausstreichen. Das bedeutet, dass die Apotheke keinen Austausch vornehmen soll.
- Sofern stichhaltige **pharmazeutische Bedenken** gegen den Austausch vorliegen, kann auch die Apotheke diesen Austausch verhindern, indem sie diese Bedenken auf dem Rezept vermerkt.
- Und schließlich haben Sie die Möglichkeit, Ihre gewohnten Arzneimittel selbst zu bezahlen. Sie können anschließend Ihre Kosten bei Ihrer Krankenkasse einreichen und werden einen Teil rückerstattet bekommen. Wie viel das genau sein wird, wissen wir als Apotheke allerdings nicht.



### 3.3.3 Hintergrundinformation und Gesetz

Bei einem Rabattvertrag sagt ein Pharmahersteller einer Krankenkasse zu, dass er für ein Medikament oder auch ein ganzes Sortiment einen Rabatt auf den bundesweit einheitlichen Apothekenverkaufspreis gewährt. Die Krankenkasse wiederum sagt dem Hersteller zu, dass alle ihre Versicherten im Normalfall künftig nur dessen Präparate erhalten. Seit dem 1. Januar 2011 ist gesetzlich geregelt, dass die Laufzeit der Rabattverträge zwei Jahre betragen soll.

Seit diesem Zeitpunkt ist ebenfalls geregelt, dass auf Wunsch des Patienten die Apotheke dem Patienten ein anderes Arzneimittel abgeben darf als dasjenige, das er nach dem aktuellen Rabattvertrag erhalten würde. Sofern der Patient davon Gebrauch machen möchte, erhält er das gewünschte austauschbare Arzneimittel. Dazu muss der Patient in der Apotheke den vollen Apothekenverkaufspreis des Arzneimittels bezahlen. Die Krankenkasse erstattet dann nach Einreichung durch den Patienten die Kosten, jedoch nicht in voller Höhe, da Rabatte und sonstige Abschläge von der Krankenkasse einbehalten werden. Die Höhe dieser Abschläge kennt die Apotheke nicht. Der Patient allein trägt die Mehrkosten.

Der Gesetzgeber räumt den Krankenkassen schon seit 2003 die Möglichkeit ein, mit Arzneimittelherstellern Rabattverträge zu schließen – allerdings in eingeschränktem Umfang. Mit folgenden Gesetzen wurde diese Möglichkeit dann weiter ausgebaut und vereinfacht:

- Arzneimittelversorgungs-Wirtschaftlichkeitsgesetz (AVWG) von 2006,
- GKV-Wettbewerbsstärkungsgesetz (GKV-WSG) von 2007,
- Gesetz zur Weiterentwicklung der Organisationsstrukturen in der gesetzlichen Krankenversicherung (GKV-OrgWG) von 2009 und
- Arzneimittelneuordnungsgesetz (AMNOG) von 2011.

§ 130a Abs. 8 Sozialgesetzbuch (SGB) V gibt den Krankenkassen die Rechtsgrundlage, Rabattverträge in vollem Umfang selbst auszuhandeln.

## 3.4 Festbeträge und Festbetragsdifferenz

### 3.4.1 Einleitung

Festbeträge sind Höchstbeträge für die Erstattung von Arzneimittelpreisen durch die gesetzlichen Krankenkassen. Das bedeutet: Die Krankenkassen zahlen nicht automatisch jeden Preis für verordnete Arzneimittel, sondern nur Festbeträge. Diese werden für Gruppen pharmakologisch-therapeutisch vergleichbarer Arzneimittel festgesetzt. Alle Medikamente, die vom Hersteller zu einem Preis angeboten werden, der mindestens 30 % unter dem Festbetrag liegt, können von der Zuzahlung befreit werden. Übersteigt der Preis des Arzneimittels den Festbetrag, haben die Versicherten die Wahl: Entweder zahlen Sie die Mehrkosten selbst oder sie erhalten ein anderes, therapeutisch gleichwertiges Arzneimittel ohne Zuzahlung.

### 3.4.2 Kundenfragen

#### Fragen zum Festbetrag

**Was versteht man unter einem Festbetrag?**

- Der Festbetrag eines Arzneimittels ist der **maximale Betrag**, den die gesetzlichen Krankenkassen für dieses Arzneimittel bezahlen.

**Was bedeutet das genau?**

- Das bedeutet: Die Krankenkassen zahlen nicht automatisch jeden Preis, sondern nur vorher vom **Gesetzgeber festgelegte** Beträge, die sogenannten **Festbeträge.** Ein Arzneimittel ist **teurer** als der **Festbetrag**, wenn der Hersteller einen **höheren Preis** als den **Festbetrag** bestimmt. Dann **zahlen** die **Versicherten** entweder die **Mehrkosten** aus **eigener Tasche.** Alternativ bekommen Sie ein anderes Arzneimittel ohne Aufzahlung, das therapeutisch gleichwertig ist.

**Warum gibt es Festbeträge?**

- In Deutschland gibt es viele Arzneimittel mit **vergleichbarer Wirkung** und **Qualität** und zum Teil auch identischer Zusammensetzung, deren **Preise** aber sehr **unterschiedlich** sind. Letztendlich ist das eine reine Sparmaßnahme. Die **gesetzliche Krankenversicherung** soll nicht mit den **Kosten teurer Arzneimittel belastet** werden. Denn auf der anderen Seite stehen preisgünstige und qualitativ gleichwertige Präparate zur Verfügung.

**Was bedeuten die Festbeträge für mich als Patient?**

- Ist der **Verkaufspreis** des **Arzneimittels höher** als der **Festbetrag**, tragen Patienten in der Regel die **Differenz** zum Festbetrag selbst. Das können ein paar Cent oder leider auch mehrere Euro sein.

**Muss ich als Patient die Differenz zum Festbetrag immer bezahlen?**

- Wenn Ihnen der Arzt **genau dieses** Medikament (mit einem Aut-idem-Kreuz) verschrieben hat und die Apotheke es nicht tauschen darf, dann leider ja. Wenn es aber möglich ist, suchen wir Ihnen ein anderes – **therapeutisch gleichwertiges** – **Arzneimittel ohne Aufzahlung** heraus.

**Wie viele Medikamente betrifft die Regelung?**

- Meist wollen die Versicherten Arzneimittel ohne Aufzahlung, daher fordern Pharmaunternehmen nur für **wenige Arzneimittel** Preise über dem Festbetrag. Im Januar 2013 waren es 12,1 % aller Packungen und 5,7 % aller Verordnungen [9].

**Muss der Arzt bei der Verschreibung erwähnen, wenn er ein Medikament über dem Festbetrag verordnet?**

- Ja, verschreibt der Arzt Ihnen ein Medikament mit einem Preis über dem Festbetrag, **ist er verpflichtet**, Sie darauf hinzuweisen.

**Muss ich ein Arzneimittel akzeptieren, wenn ich wegen dem Festbetrag viel aufzahlen muss?**

- Nein, Sie als Patient können sich dann über **aufzahlungsfreie Verordnungsalternativen** informieren lassen. Diese stehen in der Regel oft, aber leider nicht immer zur Verfügung.

**Wenn ich das teure Medikament möchte, wie viel muss ich dann bezahlen?**

- Sie müssen den **Differenzbetrag** zwischen dem **Festbetrag** und dem **Betrag über** dem **Festbetrag** bezahlen. Zusätzlich kommt aber auch noch die normale **Zuzahlung** dazu.

**Gilt das auch für Patienten, die von der Zuzahlung befreit sind?**

- Leider ja, das gilt auch für Patienten, die **sonst** von der **Zuzahlung befreit** sind. Diese Patienten zahlen dann natürlich **nicht** die **Zuzahlung**, sondern nur die Festbetragsdifferenz.

**Sind Mehrkosten das gleiche wie die Festbetragsdifferenz?**

- Ja, Synonyme für die Festbetragsdifferenz sind **Mehrkosten** und **Aufzahlungen**.

**Wer legt die Festbeträge fest?**

- Festbeträge werden in einem zweistufigen Verfahren festgelegt: Zum einen bestimmt der **Gemeinsame Bundesausschuss** (G-BA), für welche Gruppen von Arzneimitteln Festbeträge festgesetzt werden können. Zum anderen setzt der **Spitzenverband Bund** der **Krankenkassen** (GKV-Spitzenverband) für jede gebildete Festbetragsgruppe einen Festbetrag fest.

**Sind die Festbeträge neu?**

- Nein, diese gibt es schon seit 1989.

3

### 3.4.3 Hintergrund und Gesetz

Seit 1989 gibt es Erstattungshöchstgrenzen, sogenannte Arzneimittelfestbeträge, die die gesetzlichen Krankenversicherungen vor überhöhten Arzneimittelpreisen schützen sollen.

Danach soll der Festbetrag den höchsten Abgabepreis des unteren Preisdrittels einer Arzneimittelgruppe nicht überschreiten, zugleich müssen jedoch mindestens 20 % der Packungen und 20 % der Verordnungen zum Festbetrag erhältlich sein.

Bei besonders preiswerten Festbetragsarzneimitteln (mind. 30 % unter dem Festbetrag) entfällt die gesetzliche Zuzahlung für Patienten in der Apotheke.

Der Arzt, der ein Medikament verschreiben will, hat die Wahl zwischen mehreren therapeutisch gleichwertigen Präparaten, die er dem Patienten auf Kosten der Krankenkasse verschreiben kann.

Verordnet der Arzt dennoch ein Arzneimittel, dessen Preis über dem Festbetrag liegt, so muss der Patient diesen Differenzbetrag zusätzlich zur gesetzlichen Zuzahlung entrichten; das gilt auch für Patienten, die von der Zuzahlung befreit sind. Der Arzt ist verpflichtet, den Patienten in diesem Fall vorher darüber zu informieren.

Es steht jedem pharmazeutischen Unternehmer frei, die Preise für von ihm vertriebene Arzneimittel so zu bestimmen, dass sie in der Apotheke unterhalb des Festbetrags, zum Festbetrag oder oberhalb des Festbetrags abgegeben werden können.

Festbeträge werden in einem zweistufigen Verfahren festgelegt: Der Gemeinsame Bundesausschuss (G-BA) bestimmt, für welche Gruppen von Arzneimitteln Festbeträge festgesetzt werden können. In diesen Gruppen werden Arzneimittel mit denselben oder pharmakologisch-therapeutisch vergleichbaren Wirkstoffen sowie mit therapeutisch vergleichbarer Wirkung zusammengefasst.

Gruppen vergleichbarer Arzneimittel können nach unterschiedlichen Kriterien gebildet werden, deshalb werden drei Stufen der Vergleichbarkeit unterschieden:

- Festbetragsgruppen der Stufe 1 werden aus Arzneimitteln mit **denselben Wirkstoffen** gebildet.
- Festbetragsgruppen der Stufe 2 werden aus Arzneimitteln gebildet, deren Wirkstoffe pharmakologisch, insbesondere chemisch, und dabei gleichzeitig auch hinsichtlich ihrer therapeutischen Wirkung **vergleichbar** sind.
- Festbetragsgruppen der Stufe 3 werden aus Arzneimitteln gebildet, die nicht hinsichtlich ihrer Wirkstoffe, aber hinsichtlich ihrer **therapeutischen Wirkung vergleichbar** sind.

Neue patentgeschützte Arzneimittel, die eine therapeutische Verbesserung bedeuten, z. B. wegen geringerer Nebenwirkungen, sind von der Festbetragsbildung ausgenommen. Arzneimittel, die als Innovation patentiert werden, aber keinen erkennbaren therapeutischen Fortschritt bringen, können in die Festbetragsstufe 2 einbezogen werden. Dies gilt auch für den Fall, dass alle Arzneimittel einer Festbetragsgruppe patentgeschützt sind. Eine solche Gruppe muss mindestens drei Arzneimittel enthalten. Gibt es noch keine Festbetragsgruppe, verhandelt der GKV-Spitzenverband mit dem pharmazeutischen Unternehmer zunächst einen Erstattungsbetrag.

Sobald der Patentschutz für eines der Arzneimittel der Gruppe ausläuft und zu diesem Arzneimittel preiswerte Generika verfügbar sind, können diese ebenfalls in die Festbetragsgruppe einbezogen werden. Dies bedeutet, dass – soweit vorhanden – auch preisgünstige Generika bei der Festsetzung der Höhe des Festbetrags für die Wirkstoffe berücksichtigt werden können.

Der Spitzenverband Bund der Krankenkassen (GKV-Spitzenverband) setzt für jede vom Gemeinsamen Bundesausschuss (G-BA) gebildete Festbetragsgruppe einen Festbetrag fest. Gesetzliche Grundlage dieses Verfahrens ist § 35 Abs. 1 und Abs. 3 des Fünften Buchs Sozialgesetzbuch (SGB V). Die Kriterien zur Höhe des jeweiligen Festbetrags sind ebenfalls gesetzlich geregelt (§ 35 Abs. 5 SGB V).

## 3.5 Das Aut-idem-Kreuz

### 3.5.1 Einleitung

Besonders in Zeiten der Rabattverträge hoffen viele Kunden darauf, dass Ihr Arzt auf dem Rezept ein Kreuz vor Ihr Medikament setzt, damit der Austausch auf ein anderes Medikament verhindert wird (▸Kap. 3.3).

Die Ärzte würden sich aber bei zu häufigem setzen des Aut-idem-Kreuzes Regressforderungen der Krankenkassen aussetzen, und damit möglicherweise die Medikamente aus eigener Tasche bezahlen oder eine Strafe zahlen müssen.

Eine weitere Problematik besteht darin, dass teilweise mit Aut-idem-Kreuz verschriebene Medikamente, z. B. Originale, eine hohe Festbetragsdifferenz und damit hohe Mehrkosten zu Lasten des Patienten aufweisen (▸Kap. 3.4).

Auch verschreiben einige Ärzte sogenannte Importe mit einem Aut-idem-Kreuz, die dann ggf. nicht lieferbar sind und infolge dessen das Rezept vom Arzt geändert werden muss (▸Kap. 3.9).

Letztendlich kann das Aut-idem-Kreuz einen bürokratischen Mehraufwand bei der Bearbeitung des Kassenrezepts bedeuten.

### 3.5.2 Kundenfragen

#### Fragen zur Aut-idem-Verordnung

**Bekomme ich genau das Medikament, das mir der Arzt verschrieben hat?**

- Ihr Arzt hat auf Ihrem Rezept kein Kreuz bei aut idem gesetzt. Der Arzt hält somit ein **wirkstoffgleiches Medikament** für ebenso sinnvoll. Er erlaubt damit unserer Apotheke, Ihnen ein Arzneimittel mit dem **gleichen Wirkstoff**, aber eventuell mit einem anderen Namen abzugeben. Das ist jedoch für Ihre **Krankenkasse preisgünstiger**.

**Müssen Sie mir denn ein wirkstoffgleiches Medikament geben, wenn der Arzt kein aut idem Kreuz gemacht hat?**

- Ja, denn wenn kein Kreuz gesetzt ist, haben zuerst die **Rabattverträge** Vorfahrt. Wir müssen dann das verordnete Arzneimittel gegen ein **rabattiertes, wirkstoffgleiches Präparat** austauschen.

**Ist das Medikament identisch mit dem, das mir der Arzt verordnet hat?**

- Ja, Sie bekommen das **gleiche Medikament**, das Ihnen Ihr Arzt verordnet hat, also den **gleichen Wirkstoff** in der **gleichen Stärke**. Und vor allem bekommen Sie ein Arzneimittel mit der **gleichen Qualität!**

3

**Was soll damit erreicht werden?**

- Damit sollen ausschließlich **Kosten** im **Gesundheitswesen** eingespart werden.

**Was bedeutet eigentlich aut idem?**

- Aut idem ist lateinisch und bedeutet: **oder das Gleiche.** Im Apothekenrecht wird damit die Möglichkeit des Apothekers beschrieben, statt eines vom Arzt verordneten Arzneimittels ein anderes, **wirkstoffgleiches Präparat** an den Patienten abzugeben.

**Wieso macht der Arzt nicht auf jedem Rezept ein Aut-idem-Kreuz?**

- Ein Kreuz vor die Verordnung darf nur gemacht werden, wenn ein **zwingender medizinischer Grund** dafür besteht, dass Sie als Patient immer das gleiche Präparat von der gleichen Firma bekommen sollen. Die Ärzte müssen bei zu häufigem setzen des Aut-idem-Kreuzes eine **Strafe zahlen.**

**Und wenn der Arzt ein Aut-idem-Kreuz gemacht hat?**

- Dann bekommen Sie genau das Arzneimittel, das Ihnen der Arzt verschrieben hat.

**Mein Arzt hat kein Aut-idem-Kreuz gemacht, ich möchte aber trotzdem nur genau das Arzneimittel, das mir verschrieben wurde. Können wir das Kreuz nicht einfach selber machen?**

- Nein, das geht nicht. Eine nachträgliche Rezeptänderung muss mit **Datum** und **Unterschrift** vom **Arzt abgezeichnet** werden. Sonst ist es wahrscheinlich, dass uns die Krankenkasse das Medikament **nicht erstattet.**

**Ich möchte aber genau das Arzneimittel, das mir der Arzt verordnet hat. Geht das auch ohne Kreuz?**

- Ja, auch wenn Ihr Arzt keine medizinische Notwendigkeit sieht, aut idem anzukreuzen, besteht seit Anfang des Jahres 2011 für Sie trotzdem die Möglichkeit, Ihr Wunscharzneimittel bei uns zu erhalten. Sie müssen jedoch zuerst den **kompletten Apothekenverkaufspreis** bezahlen. Sie erhalten für die Abrechnung mit Ihrer Krankenkasse eine Kopie des Rezepts sowie einen Nachweis für den bezahlten Betrag. Mit dieser Rezeptkopie können Sie bei Ihrer Krankenkasse einen **Teil** der **Kosten zurückfordern.**

### 3.5.3 Hintergrund und Gesetz

Apotheken sind nach dem Rahmenvertrag über die Arzneimittelversorgung nach § 129 Abs. 2 SGB V in der Fassung vom 15. Juni 2012 bei der Abgabe verordneter Arzneimittel an Versicherte zur Abgabe eines preisgünstigen Arzneimittels verpflichtet, wenn der verordnende Arzt ein Arzneimittel nur unter seiner Wirkstoffbezeichnung verordnet hat oder die Ersetzung des Arzneimittels durch ein wirkstoffgleiches Arzneimittel nicht ausgeschlossen hat. Bei Ersatz eines Medikaments durch ein wirkstoffgleiches Arzneimittel, haben die Apotheken ein Arzneimittel abzugeben, das mit dem verordneten Medikament in Wirkstärke und Packungsgröße identisch sowie für den gleichen Indikationsbereich zugelassen ist. Ferner muss das Arzneimittel die gleiche oder eine austauschbare Darreichungsform besitzen. Allerdings hat natürlich der Rabattvertrag Vorrang. Der Gemeinsame Bundesausschuss (G-BA) gibt in der Arzneimittel-Richtlinie Hinweise zur Austauschbarkeit von Darreichungsformen unter Berücksichtigung ihrer therapeutischen Vergleichbarkeit.

Seit April 2014 hat der G-BA zudem die Aufgabe, Arzneimittel zu bestimmen, deren Ersetzung durch ein wirkstoffgleiches Arzneimittel ausgeschlossen ist (sog. Substitutionsausschlussliste). Dabei sollen vor allem Arzneimittel mit geringer therapeutischer Breite berücksichtigt werden (§ 129 Abs. 1a Satz 2 SGB V). Die Wirkstoffe und die dazugehörigen Darreichungsformen sind in Teil B der Anlage VII aufgeführt.

Die neuen Regelungen des Gesetzes zur Neuordnung des Arzneimittelmarktes (AMNOG) ermöglichen Patienten, seit dem 01.01.2011 Ihr Wunsch-Medikament gegen Aufzahlung zu erhalten. In diesem Fall zahlt der Patient in der Apotheke den vollen Bruttopreis und kann sich hinterher bei seiner Krankenkasse einen Teil der Kosten für das Arzneimittel erstatten lassen.

Folgende Gesetze und Regelungen beschreiben die Abgabe verordneter Arzneimittel an Versicherte:

- Sozialgesetzbuch (SGB) Fünftes Buch (V) – gesetzliche Krankenversicherung, § 129 Rahmenvertrag über die Arzneimittelversorgung.
- Anlage VII zum Abschnitt M der Arzneimittel-Richtlinie des Gemeinsamen Bundesauschusses (G-BA): Hinweise zur Austauschbarkeit von Darreichungsformen (aut idem) gemäß § 129 Abs. 1a SGB V.
- Gesetz zur Neuordnung des Arzneimittelmarktes in der gesetzlichen Krankenversicherung (Arzneimittelmarktneuordnungsgesetz – AMNOG), erschienen im Bundesgesetzblatt Nr. 67 vom 27.12.2010.



## 3.6 Das Generikum

### 3.6.1 Einleitung

Im Rezeptverkauf spielen die Generika seit Einführung der Rabattverträge eine immer größer werdende Rolle. 76 % der im Jahr 2014 zu Gunsten der gesetzlichen Krankenversicherung (GKV) abgegebenen Tagestherapiedosen waren Generika [10].

Bei rezeptfreien Medikamenten fragen die Kunden oft nach einer billigen Variante oder eben nach einem Generikum, manchmal ohne ganz genau zu wissen, was eigentlich ein Generikum ist.

Bei einem Tausch eines Originalarzneimittels mit einem Generikum oder auch bei Generika untereinander durch die Vorgaben des Rabattvertrags bei einem Kassenrezept, denken die Kunden vielleicht, dass Sie ein schlechteres Arzneimittel bekommen, als Ihnen der Arzt verschrieben hat. Weisen Sie darauf hin, dass das „neue" Medikament die gleiche Wirkung und Qualität hat und der Tausch unbedenklich ist.

### 3.6.2 Kundenfragen

#### Fragen zu Generika

**Was genau ist eigentlich ein Generikum?**

- Als Generika gelten Arzneimittel, die sich bezüglich ihres **Wirkstoffs**, ihrer **Darreichungsform** und ihrer **Dosierung** an ein **bereits zugelassenes** Originalpräparat anlehnen. Der Vorteil: Sie können **preiswerter** angeboten werden als das ursprüngliche Präparat. In vielen Fällen wurde ihre **Anwendung optimiert**.

**Unterscheiden sich Generika untereinander bzw. zum Originalprodukt?**

- Nein. Sowohl Generika untereinander sowie Generika und Original besitzen nicht nur den **gleichen Wirkstoff** und die **gleiche Wirkstärke**. Sie müssen auch in der **Packungsgröße** und der **Darreichungsform** (wie Tabletten oder Kapseln) vergleichbar sein.

**Das heißt, die Arzneimittel sind alle genau gleich?**

- Genau gleich sind sie nicht, in der **Zusammensetzung** der **Hilfsstoffe** können sie variieren.

**Sind denn Generika genauso gut wie Original Produkte?**

- Ja, auch wenn Sie vielleicht nicht genau das Medikament bekommen, das Ihnen der Arzt verschrieben hat, so bekommen Sie doch das **gleiche Arzneimittel** mit der **gleichen Wirkung und Qualität**.

**Warum sind Generika günstiger?**

- Generika sind aus zwei Gründen günstiger als das ehemalige Original und patentgeschützte Produkt. Zum einen **entfallen** die hohen **Forschungskosten** für die **Entwicklung** des **Wirkstoffs.** Zum anderen fällt mit Einführung des Generikums das **Wettbewerbsmonopol** des Erstanbieters weg. Dadurch sinken die Preise.

**Gibt es von jedem Arzneimittel ein Generikum?**

- Nein, für ein neu entwickeltes Arzneimittel kann ein pharmazeutischer Hersteller in Deutschland **20 Jahre lang Patentschutz** beantragen und exklusiv vermarkten. In dieser Zeit gibt es **keine Generika** von diesem Arzneimittel. Außerdem gibt es von einigen rezeptfreien Arzneimitteln keine Generika.

### 3.6.3 Hintergrund und Gesetz

Grundsätzlich gibt es zwei Sorten von Medikamenten auf dem Markt: patentgeschützte Arzneimittel – die sogenannten Originalpräparate – und Generika. Ein neu zugelassenes Medikament steht zunächst unter Patentschutz. In dieser Zeit hat der Hersteller ein Monopol und kann so den Preis frei bestimmen.

Für ein neu entwickeltes Arzneimittel kann ein pharmazeutischer Hersteller in Deutschland 20 Jahre lang Patentschutz beantragen und exklusiv vermarkten.

Läuft der Patentschutz aus, können auch andere Unternehmen diesen Wirkstoff produzieren und unter einem anderen Namen verkaufen. Solch ein Präparat wird als Nachahmerprodukt oder Generikum (Mehrzahl: Generika) bezeichnet.

Generika sind in der Regel preiswerter als die Originalpräparate, weil der Hersteller keine eigene Forschung und Entwicklung betreiben musste, sondern vom abgelaufenen Patentschutz für ein bewährtes Arzneimittel profitiert.

Das Schutzrecht nach Patentrecht findet sich im Patentgesetz (PatG). Dort wird das alleinige Nutzungsrecht an der Erfindung beschrieben. Das Patent kann bei Arzneimitteln verlängert werden durch das ergänzende Schutzzertifikat (Supplementary Protection Certificate – SPC) gemäß EU-Verordnung 1768/92; Umsetzung durch § 16 a PatG.

Die Rechtslage seit der 14. AMG-Novelle beschreibt § 24a AMG – Verwendung von Unterlagen eines Vorantragstellers – sowie § 24b AMG. Letzterer regelt die Zulassung von Generika und den Unterlagenschutz. Anträge für Generika nach § 24a AMG können sowohl vom Inhaber der Basiszulassung (Originalprodukt) als auch von einem anderen pharmazeutischen Unternehmer gestellt werden, sofern dieser die nach § 24a AMG geforderte schriftliche Zustimmung des Inhabers der Basiszulassung besitzt.

Die Übernahme der Regelungen in das AMG erfolgte aus Art. 10 der Richtlinie 2001/83 EG.

## 3.7 Das grüne Rezept

### 3.7.1 Einleitung

Der wesentliche Unterschied von einem grünen Rezept gegenüber einem rosa Kassenrezept besteht darin, dass die darauf verschriebenen Mittel vom Patienten selbst bezahlt werden müssen, weil sie seit 2004 nicht mehr Teil des gesetzlichen Leistungskatalogs sind. Verordnet wird das grüne Rezept vom Arzt, wie das herkömmliche Rezept auch. Damit signalisiert es dem Patienten: Die Einnahme ist medizinisch geboten, allerdings werden die Kosten nicht von der Krankenkasse übernommen. Leider kennen viele Patienten den Unterschied zwischen rosafarbenen und grünen Rezepten nicht. In vielen Fällen klärt der Arzt den Patienten auch nicht darüber auf, dass die Krankenkasse das von ihm verordnete Arzneimittel nicht erstattet. Der Patient wundert sich dann in der Apotheke, warum er das Medikament ganz bezahlen muss und nicht nur einen Anteil.

Oft lautet die erste Frage des Kunden, nachdem er darüber informiert wurde, dass er das oder die Arzneimittel komplett selber bezahlen muss: „Und wie teuer ist das“?

Hier ist also Aufklärungsbedarf gegenüber dem Kunden geboten, damit er nach Möglichkeit das Rezept auch bei Ihnen einlöst.

Geben Sie aus diesem Grund als Antwort **nicht** ausschließlich den Preis an und warten auf die Reaktion des Kunden. Steigen Sie sofort aktiv in die Beratung ein!!

Wichtig ist es, dem Kunden zu vermitteln, dass das auf einem grünen Rezept verschriebene Mittel auf jeden Fall ein hochwirksames Arzneimittel mit möglichen Wechsel- und Nebenwirkungen ist. Für den Patienten ist daher neben der ärztlichen Empfehlung eine gute Beratung in der Apotheke sehr hilfreich.

### 3.7.2 Kundenfragen

#### Fragen zum grünen Rezept

**Was ist ein grünes Rezept und warum hat der mir Arzt ein solches Rezept ausgestellt?**

- Immer dann, wenn Ärzte ein Arzneimittel verordnen, das **nicht verschreibungspflichtig**, aber wichtiger **Bestandteil** der **ärztlichen Behandlung** ist, kann ein grünes Rezept ausgestellt werden.

**Ist das grüne Rezept ein richtiges Rezept?**

- Ein richtiges Rezept ist die grüne Variante eigentlich nicht. Es ist eher eine **Empfehlung Ihres Arztes**, welche Arznei(en) er für Sie für sinnvoll hält.

**Ist das grüne Rezept neu?**

- Nein, seit der großen **Gesundheitsreform Anfang 2004** dürfen **ehemals verordnete rezeptfreie Arzneimittel** nur noch in Ausnahmefällen für Erwachsene auf Kassenrezept verschrieben werden.

**Gilt diese Regelung auch für Kinder?**

- Ja, Ärzte dürfen **rezeptfreie Medikamente nur** für **Kinder bis** zum **12. Geburtstag** und in Ausnahmefällen zu Lasten der gesetzlichen Krankenversicherung verordnen.

**Sind die verschriebenen Mittel auf dem grünen Rezept auch wirksam?**

- Ja! Diese Medikamente sind **genauso wirksam und wichtig** und haben einen hohen Stellenwert in der Therapie!
- Diese Maßnahme hat **ausschließlich** aus **Kostengründen** stattgefunden und nicht aufgrund einer mangelnden Wirksamkeit!

**Gibt es Fälle, in denen die gesetzlichen Krankenkassen Verordnungen auf dem grünen Rezept doch erstatten?**

- Ja! Grundsätzlich haben die Krankenkassen seit 2012 die Möglichkeit, die Kosten für bestimmte **rezeptfreie Arzneimittel** zu **erstatten**. Das richtet sich nach der Krankenkasse, in der Sie versichert sind.

**Muss ich das grüne Rezept überhaupt einlösen?**

- Nein, für Sie als Patient besteht keine Verpflichtung, es einzulösen. Es verfällt außerdem nicht. Sie können sich bei uns in der Apotheke **ausführlich** zu der **Empfehlung Ihres Arztes beraten lassen**. Außerdem können Sie sich jederzeit für ein **Alternativpräparat** entscheiden.

### 3.7.3 Hintergrund und Gesetz

Die Kassenärztliche Bundesvereinigung (KBV), der Deutsche Apothekerverband (DAV), der Bundesverband der Arzneimittelhersteller (BAH) und der Bundesverband der Pharmazeutischen Industrie (BPI) haben im Hinblick auf die Herausnahme der rezeptfreien Arzneimittel aus der Kassenerstattung durch die Gesundheitsreform (Gesundheitssystem-Modernisierungsgesetz – GMG) Anfang 2004 das grüne Rezept entwickelt und es den Ärzten als Instrument zur einheitlichen Verordnung von rezeptfreien Arzneimitteln zur Verfügung gestellt.

Mit Inkrafttreten des „Gesetzes zur Verbesserung der Versorgungsstrukturen in der gesetzlichen Krankenversicherung“ zum 01. Januar 2012 haben alle gesetzlichen Krankenkassen die Möglichkeit, ihre Satzungsleistungen um nicht verschreibungspflichtige, apothekenpflichtige Arzneimittel zu erweitern. Einige Krankenkassen haben schon von dieser Möglichkeit zur Verbesserung der Versorgung ihrer Versicherten Gebrauch gemacht und erstatten im Rahmen ihrer Satzungsleistungen die Kosten für bestimmte rezeptfreie Arzneimittel wieder.

Auf dem grünen Rezept steht sogar ein Hinweis, dass viele gesetzliche Krankenkassen ihren Versicherten die Kosten für bestimmte rezeptfreie Arzneimittel freiwillig zurückerstatten. So können Patienten, je nach Krankenkasse, viel Geld sparen, wenn Sie das Rezept mit der Quittung bei ihrer Krankenkasse einreichen.

Außerdem können Patienten können das grüne Rezept nutzen, um bei ihrer Einkommenssteuererklärung eine außergewöhnliche Belastung im Sinne der Abgabenordnung nachzuweisen. Deshalb ist es ratsam, die grünen Rezeptformulare plus Quittungen zu sammeln (▸Kap. 2.17).

## 3.8 Der Defekt

### 3.8.1 Einleitung

In den letzten Jahren kommt es bei Medikamenten immer häufiger zu Lieferengpässen, den sogenannten Defekten! Sie dauern zwischen wenigen Tagen bis hin zu einem halben Jahr oder noch länger.

Die Gründe sind vielfältig: Wenn neue Rabattverträge beginnen, kommt der neue und zumeist einzige Rabattpartner häufig nicht mit der stark gestiegenen Nachfrage zurecht. Es dauert meist einige Wochen bis die Produktion dem Bedarf angepasst ist. Schwierigkeiten bei der Herstellung oder Verschiebungen aus dem deutschen Arzneimittelmarkt in andere Länder (durch billigere Produktionskosten, Stichwort Mindestlohn) behindern die Arzneimittelversorgung ebenso. Viele Medikamente werden außerhalb der EU hergestellt, das führt zu langen Transportwegen. Die Konzentration auf wenige Zulieferer und Produktionsstätten außerhalb der Europäischen Union verschärfen das Problem zusätzlich. Dort kann es bei Qualitätsproblemen zu erheblichen Lieferausfällen kommen:

- 2010 kam es zu Rückrufen von Arzneimitteln mit dem Wirkstoff Clopidogrel, da Inspektoren im Auftrag der European Medicines Agency (EMA) GMP-Mängel innerhalb der Produktionsanlagen bei einem indischen Hersteller festgestellt hatten.
- Auch haben die Fälschungen der Bioäquivalenzstudien Ende 2014 dazu beigetragen, dass viele Arzneimittel nicht lieferfähig waren, da die Zulassung der Medikamente ruhte.
- Auch kann ein kleines technisches Problem in einem großen Herstellerbetrieb schnell zu langfristigen Lieferausfällen bei verschiedenen Anbietern führen.

Viele Apotheker klagen, die Problematik der Lieferschwierigkeiten habe im Laufe des Jahres 2014 immer weiter zugenommen, auch wenn die Tabelle des BfArM „Lieferengpässe für Humanarzneimittel in Deutschland" am 30.12.2014 nur 22 Wirkstoffe aufgelistet hat [11].

Engpässe sind seit Ende 2014 auch im Zusammenhang mit der Substitutionsausschlussliste des Gemeinsamen Bundesausschuss entstanden. Zu Beginn des Jahres 2015 zeigte sich ein zunehmend erschreckendes Bild. Lieferengpässe nehmen immer mehr Breite im Gesamtsortiment ein: Sie betreffen unter anderem Psychopharmaka, Analgetika, Blutdrucksenker, Blutfettsenker, Antibiotika, Antirheumatika, Antiparkinsonmittel, Sedativa und Antiasthmatika.

Sollte bei einer Online-Abfrage mittels Ihrer EDV ein Arzneimittel als Defekt angezeigt werden, verwenden Sie bitte ein paar einfache Erklärungen dem Kunden gegenüber und nicht das Wort Defekt. Für Sie als pharmazeutisches Personal ist es keine Frage sehr mühsam, die Rabattverträge rauszusuchen, dem Kunden diese erklären zu müssen und dann zurück zu rudern wenn Sie sehen, der Rabattartikel ist gar nicht verfügbar.

- Es reicht aber nicht zu sagen: „Ihr Medikament ist defekt“ oder „Ihr Arzneimittel ist nicht lieferbar“.
- Sie kennen die Bedeutung, ihr Kunde aber nicht! Ganz im Gegenteil: der Kunde wird dadurch eher verunsichert.
- Erklären Sie, warum das möglicherweise so ist, was das für Folgen hat und wie sie sich jetzt intensiv bemühen, eine Lösung zu finden!

### 3.8.2 Kundenfragen

#### Fragen zu nicht lieferbaren Arzneimitteln

**Warum gibt es mein Arzneimittel im Moment nicht?**

- Der **Hersteller des Arzneimittels**, das Sie bekommen sollten, ist im Moment nicht in der Lage es zu **produzieren** bzw. an uns **zu liefern.**

**Wie kommt so etwas?**

- Meistens bekommen wir leider keine genauen Informationen, warum das so ist. Das kann aber **verschiedene Gründe** haben: Zum Beispiel kann es sein, dass es ein **technisches Problem** in der Herstellerfirma gibt.

**Aber der Arzt hat es mir doch verschrieben!**

- Ihr Arzt hat **keine aktuellen Informationen** über die Lieferfähigkeit des Arzneimittels, das er Ihnen verschrieben hat.

**Und wann gibt es das Arzneimittel wieder?**

- Das ist leider nicht genau bekannt. Wir setzten uns aber sofort mit unserem Großhandel (oder dem Hersteller) in Verbindung um Ihnen zu sagen, wann Ihr Medikament wieder verfügbar ist.

**Ich brauche das Medikament aber sofort, was machen wir jetzt?**

- Wir können auf ein **wirkstoffgleiches Präparat** eines anderen Anbieters zurückgreifen, um Ihre Therapie nicht zu unterbrechen. Wenn es kein wirkstoffgleiches Medikament geben sollte, besprechen wir das **weitere Vorgehen** mit Ihrem **Arzt.**

**Das Medikament gibt es gar nicht mehr? Wie kann das sein?**

- Es kann sein, dass der Hersteller sich dazu entschieden hat, sein Produkt vom Markt zu nehmen. Das kann z. B. **wirtschaftliche Gründe** haben. Oft gibt es aber dann ein Nachfolgeprodukt oder ein gleichwertiges Arzneimittel von der gleichen oder einer anderen Firma. In seltenen Fällen ordnet auch das Bundesinstitut für Arzneimittel und Medizinprodukte an, dass ein Arzneimittel **aufgrund** von **Nebenwirkungen** vom Markt genommen werden muss (▸Kap. 2.13).

# 3.9 Der Import

## 3.9.1 Einleitung

Arzneimittelimporte können in Parallelimporte und Reimporte unterteilt werden.

- Unter Reimporten versteht man Arzneimittel, die in Deutschland für den ausländischen Markt produziert und aus dem Ausland wieder nach Deutschland importiert werden.
- Parallelimporte sind Arzneimittel, die in EU-Ländern produziert und dann von Arzneimittelimporteuren auf den deutschen Markt gebracht werden. Teilweise zu einem wesentlich günstigeren Preis, manchmal aber sogar teurer als entsprechende Generika.

Für beide Importarten gilt: Bevor die Arzneimittel in Deutschland vertrieben werden können, müssen sie für den deutschen Markt verkehrsfähig gemacht werden. Entweder erhält das Arzneimittel eine neue deutsche Faltschachtel oder/und ein deutschsprachiges Etikett. Zum Schluss wird jede Packung mit einem deutschen Beipackzettel versehen und durchläuft eine abschließende, komplexe Qualitätskontrolle.

## 3.9.2 Kundenfragen

### Fragen zu Importarzneimitteln

**Ich habe von Ihnen ein Arzneimittel bekommen – vom Namen her entspricht es aber nicht dem verordneten Medikament auf meinem Rezept!**

- Sie haben ein **Importarzneimittel** bekommen. Das ist ein Medikament, was im **Ausland hergestellt** worden ist und nach **Deutschland importiert** wurde. Manchmal kann allerdings der Name des internationalen Arzneimittels von dem des deutschen Medikaments abweichen.

**Auf der Packung ist etwas überklebt worden! Was bedeutet das?**

- Ja, das stimmt! Innerhalb der verschiedenen Ländermärkte gibt es auch **verschiedene Bestimmungen**, die die **Kennzeichnung** von **Arzneimitteln regeln.** Arzneimittel, die auf dem deutschen Markt angeboten werden, müssen natürlich **deutsche Bestimmungen** erfüllen. Die Firmen, die diese Arzneimittel nach Deutschland importieren sind dazu verpflichtet, dies durch **Aufkleber** oder **Umverpackungen** zu gewährleisten. Daher können die Verpackungen von Importarzneimittel anders aussehen, einen anderen Namen haben oder mit Aufklebern versehen sein.

**Ist das Arzneimittel genauso wirksam und sicher?**

- Das Medikament ist **vollkommen identisch** hinsichtlich **Wirkstoff, Wirkstärke, Darreichungsform** (Tabletten, Kapseln o. ä.) und **zugelassenem Einsatzgebiet (Indikation).** Diese Importarzneimittel können Sie bedenkenlos anwenden.

**Warum macht man so etwas? Gibt es in Deutschland nicht genug Medikamente?**

- Doch, das ist eine reine **Sparmaßnahme** der **Gesundheitspolitik.** Die Apotheke ist **gesetzlich** dazu **verpflichtet**, dem Kunden einen gewissen Anteil an Arzneimittel als Importe abzugeben.

3

**Sind diese Medikamente denn billiger?**

- Nicht immer. Innerhalb Europas ergeben sich bei Arzneimitteln **unterschiedliche Preisniveaus.**
- Die Arzneimittelimporteure kaufen Original-Präparate im Ausland, um sie dann in Deutschland deutlich preisgünstiger anzubieten. Manche Arzneimittel sind aber im Ausland auch teurer als hier bei uns, sodass das Importarzneimittel in Deutschland teurer ist als das deutsche Arzneimittel.

### 3.9.3 Hintergrund und Gesetz

Vergleicht man die durchschnittlichen Arzneimittelpreise in Europa, liegt Deutschland im Mittelfeld. Dies liegt vor allem an der großen Zahl preisgünstiger Generika, wohingegen die Preise patentgeschützter Mittel relativ hoch sind. Solche Mittel kosten im Ausland häufig nur ein Drittel oder die Hälfte. Ein Grund dafür ist, dass manche andere Länder einen geringeren Mehrwertsteuersatz haben oder Arzneimittel von der Mehrwertsteuer ausnehmen und dass es staatliche Preisverhandlungen oder -kontrollen gibt.

Diese Preisunterschiede haben dazu geführt, dass überhaupt Importe auf dem deutschen Markt existieren.

Apotheken sind laut Rahmenvertrag nach § 129 SGB V verpflichtet, pro Kostenträger (pro Krankenkasse) und Quartal eine sogenannte Wirtschaftlichkeitsreserve durch die Abgabe von Importarzneimitteln zu erzielen. Die „Abgabe importierter Arzneimittel“ wird in § 5 des Rahmenvertrags genauer definiert.

## 3.10 Das Hilfsmittel

### 3.10.1 Einleitung

Hilfsmittel sind, nach der Definition in den Hilfsmittel-Richtlinien, sächliche medizinische Leistungen, die von zugelassenen Leistungserbringern, also auch Apotheken, abgegeben werden. Sie umfassen Gegenstände, die beeinträchtigte Körperfunktionen ersetzen, erleichtern oder ergänzen, z. B. Blutdruckmessgeräte, Seh- und Hörhilfen, Körperersatzstücke und orthopädische Hilfsmittel, aber auch Inkontinenzartikel und Inhalierhilfen. Alle Hilfsmittel, die zu Lasten der gesetzlichen Krankenversicherung (GKV) verordnet werden können, werden in einem Hilfsmittelverzeichnis aufgeführt.

Die Krankenkasse kann die Kosten für ein Hilfsmittel nur übernehmen, wenn der Arzt es verordnet hat. Der Aufwand zur Bearbeitung eines Hilfsmittelrezepts in der Apotheke ist teilweise sehr aufwendig, falls die Apotheke überhaupt zur Abgabe des Hilfsmittels berechtigt ist. Der Grund dafür liegt in dem sogenannten Krankenkassen-Wettbewerbsstärkungsgesetz (GKV-WSG), das von der Politik im Jahr 2007 eingeführt wurde. Ziel dieses Gesetzes war es, mehr Wettbewerb im Hilfsmittelbereich einzuführen.

Dadurch ist es aber zu einer kaum noch zu überblickenden Vertragsvielfalt mit unterschiedlichen Vorschriften der einzelnen Krankenkassen gekommen. Apotheken müssen eine im Vergleich mit der Vergangenheit sehr viel komplexere Vertragssituation bewältigen. Zur Versorgung, also zur Abgabe eines Hilfsmittels, sind lediglich die Apotheken berechtigt, die ein Vertragsverhältnis mit den jeweiligen gesetzlichen Krankenkassen eingegangen sind. Kommt ein GKV-Versicherter mit einer Verordnung über ein Hilfsmittel in die Apotheke, stellt sich somit als erstes die Frage: Darf die Apotheke dieses Hilfsmittel beliefern? Sollte die Apotheke zur Abgabe eines Hilfsmittels berechtigt sein, kommt aber ggf. noch ein aufwändiges Genehmigungsverfahren bei der Krankenkasse des Versicherten hinzu. Einige Hilfsmittel können direkt und ohne vorherige Genehmigung in der Apotheke abgerechnet werden, sofern diese einen Bruttohöchstpreis nicht überschreiten. Diese Höchstpreise variieren je nach Krankenkasse. Diese von den Kassen vorgegebenen Preise, Versorgungsauflagen und meist nicht mehr zu amortisierenden Investitionen sind von vielen Apotheken ohne hohe Verluste kaum noch zu erfüllen. Dies hat zur Folge, dass viele Patienten leider nicht mehr auf die sofortige, wohnortnahe Versorgung ihrer Apotheke zählen können. Da einzelne Apotheken ihre Patienten zu den vorgeschriebenen Vertragspreisen nicht mehr kostendeckend versorgen können, sind sie aus der Versorgung mit Hilfsmitteln ausgestiegen.

## 3.10.2 Kundenfragen

### Fragen zu Hilfsmitteln

**Der Arzt hat mir ein Hilfsmittel verordnet. Was genau ist ein Hilfsmittel?**

- Ein Hilfsmittel ist **kein Arzneimittel**. Bei Hilfsmitteln gibt es eine breite Palette von Produkten: von Inkontinenzhilfen und Kompressionsstrümpfen über Schuheinlagen, Prothesen bis hin zu Blutdruckmessgeräten, Hörgeräten oder Inhalierhilfen.

**Kann ich das Hilfsmittel direkt mitnehmen?**

- Die Versorgung mit einem Hilfsmittel muss von der Krankenkasse meistens **vorher genehmigt** werden. Dies gilt auch dann, wenn das Hilfsmittel von Ihrem Arzt verordnet wurde. Erst dann können wir Ihnen das Hilfsmittel aushändigen. Für bestimmte Hilfsmittel oder bis zu einer bestimmten Wertgrenze kann die Krankenkasse aber auf eine Genehmigung verzichten. Ob das bei Ihrem verordneten Hilfsmittel vielleicht der Fall ist, prüfen wir gerne.

**Wenn das Hilfsmittel genehmigt werden muss, wie lange dauert das?**

- Das wissen wir leider nicht und hängt von Ihrer Krankasse ab. Sollten Sie das Hilfsmittel ganz dringend brauchen, empfehlen wir Ihnen, sich die Genehmigung **direkt bei Ihrer Krankenkasse** zu besorgen.

**Kann ich ein Hilfsmittelrezept in jeder Apotheke einlösen?**

- Nein, leider nicht. Die Apotheke muss einen **entsprechenden Vertrag** mit Ihrer Krankenkasse unterzeichnet haben, um Ihnen das Hilfsmittel liefern zu können.

**Wieso muss ich auf der Rückseite des Rezepts unterschreiben?**

- Das verlangt Ihre **Krankenkasse**. Der Patient muss den Empfang des Hilfsmittels mit Unterschrift bestätigen! Auch jede **Teillieferung**, z. B. bei Inkontinenzartikeln, ist zu bestätigen.

**Wie viel muss ich bei einem Hilfsmittel zuzahlen?**

- Grundsätzlich wird bei Hilfsmitteln unterschieden zwischen **nicht zum Verbrauch bestimmten** und **zum Verbrauch** bestimmten Hilfsmitteln. Für die beiden Kategorien wird die Zuzahlung unterschiedlich berechnet:
- Für nicht zum Verbrauch bestimmte Hilfsmittel (z. B. Gehhilfen, Rollstühle) beträgt die Zuzahlung 10 % des von der Krankenkasse zu übernehmenden Betrags, mindestens jedoch 5 € und höchstens 10 € .
- Für zum Verbrauch bestimmte Hilfsmittel (z. B. Inkontinenzartikel) beträgt diese Zuzahlung 10 % je Packung, höchstens jedoch 10 € für den Monatsbedarf je Indikation.

### 3.10.3 Hintergrund und Gesetz

An dieser Stelle sei erwähnt, dass besonders bei Hilfsmitteln viele Fehler beim Taxieren eines Hilfsmittelrezepts lauern. Um Retaxationen bei der Abrechnung zu vermeiden, müssen Sie einiges beachten. Das wichtigste:

Stellt der Arzt ein Mischrezept aus, verordnet er auf einem Rezept also gleichzeitig Arznei- und Hilfsmittel, dürfen die Hilfsmittel nicht abgerechnet werden. Auch muss auf dem Arztrezept mit Hilfsmittelverschreibung die Diagnose angegeben sein. Fehlt diese, besteht kein Zahlungsanspruch gegenüber der Krankenkasse. Gleiches gilt für die Empfangsbestätigung des Kunden auf der Rückseite des Rezepts.

Detailliertere Informationen geben Ihnen z. B. Ihr Abrechnungszentrum oder Retaxationshilfen im Internet und natürlich Ihre erfahrenen Kollegen in der Apotheke.

Der Gemeinsame Bundesausschuss (G-BA) hat zur Verordnung von Hilfsmitteln sogenannte Hilfsmittel-Richtlinien (HilfsM-RL) in der vertragsärztlichen Versorgung erstellt.

Weiterhin findet man im fünften Buch des Sozialgesetzbuchs (SGB V) die allgemeinen Regelungen für Hilfsmittel:

- § 33 Hilfsmittel,
- § 36 Festbeträge für Hilfsmittel,
- § 126 Versorgung durch Vertragspartner,
- § 127 Abs. 1 und 2, Verträge,
- § 300 Abrechnung der Apotheken und weiterer Stellen.

Seit dem Jahr 2010 gibt es zunehmend Hilfsmittelversorgungsverträge, die eine Abrechnung nach § 302 (Abrechnung der sonstigen Leistungserbringer) SGB V erfordern. Demnach müssen nur die Hilfsmittel abgerechnet werden, die den im jeweiligen Vertrag aufgeführten Produktgruppen zugeordnet sind. Hilfsmittel, die nicht diesen Verträgen unterliegen, werden standardmäßig weiterhin nach § 300 SGB V abgerechnet.

Der GKV-Spitzenverband hat ein systematisch strukturiertes Hilfsmittelverzeichnis (§ 139 SGB V) erstellt, in dem online recherchiert werden kann: https://hilfsmittel.gkv-spitzenverband.de/.

Darin sind Hilfsmittel aufgeführt, für die Kranken- und Pflegekassen Kosten übernehmen. Das Hilfsmittelverzeichnis ist in 33 Produktgruppen gegliedert. Es ist nicht abschließend, d. h. es können im Einzelfall auch weitere Hilfsmittel von der Krankenkasse übernommen werden. Apotheken verfügen in der Regel zumindest über einen Auszug aus dem Hilfsmittelkatalog.

# 4 Anhang

## 4.1 Tipps und Vorschläge zur Gestaltung von Handzetteln zur Kundeninformation

Ihre Apotheke hat das sicher auch schon versucht: Neben Werbeflyern oder Angebotsprospekten versucht man dem Kunden Flyer, Broschüren oder Handzettel abzugeben oder in die Kundenzeitschriften zu legen. Auf diese Weise wird versucht, Informationen über aktuelle Bestimmungen, wie Rabattverträge oder die Substitutionsausschussliste weiterzugeben.

Doch wie stellt man es an, dass diese Zettel von Ihren Kunden auch gelesen werden und der Inhalt nicht sofort wieder vergessen wird?

Dazu gibt es mehrere Möglichkeiten und vielleicht gelingt es Ihnen ja, diese Tipps so oder so ähnlich in Ihrer Apotheke umzusetzen.

Seien Sie kreativ! Versuchen Sie Ihre Kunden über die Themen zu informieren, die Ihnen wichtig sind und mit denen Sie sich und Ihre Apotheke präsentieren und profilieren wollen [12]. Auf diese Weise vermitteln Sie eine besondere Beratungsleistung! Viel Erfolg!

- Wie auch bei Angebotsflyern sollten bei Informationsflyern Bilder nie fehlen, am besten von Ihrer Apotheke oder Ihrem Team.
- Denken Sie an eine große und gut lesbare Schriftgröße, nicht unter 14 Punkt.
- Verwenden Sie eine auffallende Papierfarbe. Die Farbe sollte aber so gewählt werden, dass der Text noch gut gelesen werden kann.
- Formulieren Sie kurze Sätze und heben Sie wichtige Punkte farblich oder mit **Fettdruck** heraus.
- Denken Sie über ausgefallene Formate nach.
- Ein konstanter Aufbau der Flyer oder Broschüren stärkt den Wiedererkennungseffekt.
- Denken Sie darüber nach, ob Sie Ihre Informationen ggf. in mehreren Sprachen anbieten, wenn Sie einen hohen Anteil ausländischer Kunden haben.
- Für die jüngere Generation: Bieten Sie alle Informationen auch zum Herunterladen auf Ihrer Homepage an und ggf. abrufbar durch einen QR-Code.

### 4.1.1 Gewinnspiel

Gestalten Sie die Informationsbroschüre am Ende mit einem Gewinnspiel, zum Beispiel durch einen kleinen Quiz, in dem Sie eine Frage zum Inhalt ihrer Information stellen. Beim Thema Zuzahlungen könnte die Frage lauten: „Wie viel muss ein Kunde bei einem Medikament zuzahlen das 60,00 € kostet?"

Als Gewinn können Sie z. B. Punkte oder Taler aus Ihrem Bonussystem oder ein kleines Werbegeschenk Ihrer Apotheke verwenden.

### 4.1.2 Apothekenpreise

Alternativ können Sie die Informationen, die Sie weitergeben wollen, mit Ihren aktuellen Angeboten mischen: Weisen Sie zum Beispiel am Ende des Angebotsprospekts darauf hin, warum Sie eigentlich die Preise für freiverkäufliche Medikamente selbst bestimmen können (▸Kap. 2.4) und für verschreibungspflichtige Medikamente nicht. Diese Information muss gar nicht lang sein, möglich wäre eine Rubrik „Kurz erklärt", in der in zwei bis drei Sätzen dieser Sachverhalt erläutert wird.

### 4.1.3 Kosten sparen

Versuchen Sie doch einmal, bei Handzetteln zur Kundeninformation das Augenmerk der Information darauf zu legen, wie der Kunde profitieren kann und sogar durch Bestimmungen in der Gesundheitspolitik Geld sparen kann. Sobald es um die Themen „Geld" und „Kosten sparen" geht, ist Ihnen eine erhöhte Aufmerksamkeit sicher. Wenn Sie mit diesen Informationen dann noch erreichen, dass Ihre Kunden dadurch Ihren fachkundigen Rat einholen wollen, haben Sie Ihr Ziel erreicht. Zwei Themen dieses Buches sind hier als Beispiel genannt.

#### Krankheitskosten von der Steuer abziehen

- Stellen Sie auf der ersten Seite und für den Kunden gut sicht- und lesbar die folgende Frage: Vielleicht haben Sie sich auch schon mal gefragt: „Lohnt es sich, Quittungen aus der Apotheke für die Steuererklärung zu sammeln? Wir informieren Sie, inwieweit Sie das Finanzamt an Ihren Krankheitskosten beteiligen können."
- Besonders bei Patienten, die mit einem grünen Rezept in die Apotheke kommen, spielt der Preis in vielen Fällen eine Rolle. Im ungünstigsten Fall wird das Arzneimittel aus diesem Grund nicht gekauft. Hier können Sie so argumentieren, dass der Patient diese Kosten am Ende des Jahres aber ggf. steuerlich geltend machen kann. Dadurch steigern Sie die Motivation für den Kauf!

Ein weiteres Thema, das besonders die ältere Generation anspricht, ist die Diagnose Inkontinenz. Entwerfen Sie einen Handzettel und legen Sie diesen z. B. in den Senioren-Ratgeber. Somit haben Sie eine diskrete Möglichkeit, dieses sensible Thema an die betroffenen Kunden weiterzugeben und deren Interesse zu wecken.

**Kostenrahmen bei Inkontinenzprodukten**

Eine mögliche Überschrift kann lauten: Blasenschwäche – Die Krankenkassen gestatten eine Versorgung über die Apotheke: Warum also mehr bezahlen als nötig? Allgemeine Informationen über die Diagnose Inkontinenz können folgen. Sie können auf diese Weise Ihren Kunden die Möglichkeit aufzeigen, wie die meisten Kosten von der Krankenkasse übernommen werden können.

- Die Krankenkassen gestatten Ihnen pro Monat einen bestimmten Betrag, den Sie zur freien Verfügung haben, wenn Sie ein Rezept vom Arzt vorlegen können.
- Windelhöschen, Einlagen oder normale Windeln, es bleibt Ihnen überlassen welches Produkt Sie nehmen.
- Sind Sie von den Zuzahlungen zu Rezepten befreit? So kostet Sie die Versorgung keinen Cent!
- Ohne eine Zuzahlungsbefreiung müssen Sie mit maximal XY € im Monat rechnen, wenn Sie das Budget der Krankenkasse nicht überschreiten.

### 4.1.4 Rezepturen in der Apotheke

Vermutlich läuft das in den meisten Apotheken ganz ähnlich ab: Der Kunde übergibt ein Rezept, auf dem eine Rezeptur verschrieben worden ist. Anschließend händigt die Apotheke dem Kunden eine Abholnummer aus oder ihm wird gesagt, dass die fertige Rezeptur später auf seinen Namen zum Abholen bereitliegt.

Geben Sie Ihren Kunden doch einen größeren „Abholzettel" mit, z. B. eine DIN-A5-Seite, auf der Sie als Apotheke erklären, was eine Rezeptur eigentlich ist und warum die Herstellung ggf. länger dauert. Dort können Sie dann auch eintragen, wann der Kunde seine Rezeptur abholen kann. Oder aber Sie arbeiten das Thema in einem größeren Stil heraus: Beschreiben Sie, warum sich nicht jedes industriell gefertigte Arzneimittel für eine bestimmte Erkrankung eignet und besonders Dermatologen gerne auf individuelle Rezepturen zurückgreifen.

Sie können auf diese Art eine kleine Broschüre entwerfen, in der Sie nicht nur die Arbeitsschritte bei der Rezeptur erklären, sondern auch ein oder zwei Fotos mit einbauen, die z. B. die PTA bei der Anfertigung einer Rezeptur zeigen. So können Sie sich und Ihre Apotheke nach außen präsentieren und Ihr Apotheken-Team vorstellen. Auf diese Weise bekommen Ihre Kunden zusätzlich einen interessanten Blick „hinter die Kulissen".

**Textbausteine zu Rezepturen**

- Individuell hergestellte Arzneimittel aus der Apotheke haben eine lange Tradition. Diese sogenannten Rezepturen durchlaufen von der Vorbereitungsphase bis zur Fertigstellung verschiedene, schriftlich dokumentierte Prüfungsphasen. Ausführliche Etiketten und ein sorgfältiges Beratungsgespräch bei der Abgabe sorgen dafür, dass bei der Anwendung keine Fragen offen bleiben. Allerdings dauert die Herstellung einer Rezeptur unter Umständen aus diesen Gründen etwas länger. Warum ist das so?

- Fertigarzneimittel gibt es für viele Gesundheitsprobleme – doch nicht für alle. Besonders Hautärzte verschreiben sehr oft individuelle Rezepturen. In solchen Fällen helfen wir als Apotheke, indem wir die von Ihrem Arzt verordnete Rezeptur eigens für Sie herstellen!
- Es gibt sehr viele Rezeptursubstanzen, die wir nicht alle vorrätig haben können. Unter Umständen müssen wir einen Rezepturbestanteil noch bestellen.
- Bis zu der Fertigstellung durchlaufen Rezepturen mindestens drei verschiedene, schriftlich dokumentierte Prüfungsphasen. Dies beginnt bereits bei den einzelnen Rezepturbestandteilen. Sie werden nach ihrem Eintreffen hier in der Apotheke mehreren chemischen und physikalischen Prüfungen unterzogen. Die Rezeptur selbst untersuchen wir noch vor der Herstellung auf Plausibilität. Das bedeutet, wir überzeugen uns, ob alle Bestandteile unschädlich sind, richtig dosiert vorliegen und sich nicht gegenseitig in ihrer Wirkung beeinträchtigen. Bei Bedarf fügen wir zusätzlich Hilfsstoffe ein, um die Stabilität der Rezeptur zu gewährleisten. Erkennen wir Unstimmigkeiten, beraten wir uns mit Ihrem verschreibenden Arzt. In einem Herstellungsprotokoll dokumentiert die herstellende Person unserer Apotheke, also Apotheker oder PTA, sämtliche Wiegevorgänge, Fertigungsschritte, das zugrunde liegende Rezept sowie Name des Patienten und des verschreibenden Arztes. Während der Herstellung und nochmals vor der Abgabe überprüft unsere Apotheke die Qualität der Rezeptur. Alle Ergebnisse werden in einem Protokoll vermerkt.
- Sie als Patient erfahren bei der Abgabe in einem Beratungsgespräch, wie die Rezeptur zu lagern, zu handhaben und zu dosieren ist. Somit ist eine sichere Anwendung des Rezeptur-Arzneimittels bei Ihnen zu Hause gewährleistet. Sämtliche Informationen finden Sie auch auf dem Etikett. Sollten trotzdem noch Fragen offen bleiben, stehen wir Ihnen gerne mit unserem fachkundigen Rat zur Verfügung.

### 4.1.5 Arzneimittelfälschungen und Versandhandel

Ihren Kunden, die ein bestimmtes Medikament bei einem Versandhändler billiger gesehen haben als bei Ihnen in der Apotheke, können Sie ebenfalls einige schriftliche Informationen an die Hand geben.

#### Textbausteine zu Arzneimittelfälschungen und Versandhandel

- Wer sichere Medikamente will, kann auf die deutschen Vor-Ort-Apotheken vertrauen.
- Wer sich vor Fälschungen schützen will, sollte keine Medikamente bei unbekannten oder unzuverlässigen Anbietern kaufen. Bestellen Sie – wenn überhaupt – nur bei deutschen oder europäischen Versandapotheken. Der Versand von Medikamenten aus Ländern außerhalb des Europäischen Wirtschaftsraums direkt an Endverbraucher ist in Deutschland verboten. Auch Gütesiegel auf Internetseiten können gefälscht sein.
- Misstrauisch sollten Sie als Patient werden, wenn ein in Deutschland verschreibungspflichtiges Arzneimittel ohne Rezept geliefert wird.
- Wer Billigarzneimittel aus dem Ausland oder über unseriöse Anbieter via Internet bezieht, gefährdet möglicherweise seine Gesundheit!

- Sie als Patient können unseriöse Internetapotheken nicht immer zuverlässig erkennen. Etwa 50 % der Arzneimittel, die über unseriöse Internet-Apotheken vertrieben werden, sind gefälscht. Für Sie als Käufer sind diese Tabletten nicht selten lebensgefährlich: Oft enthalten die nachgeahmten Präparate zu wenig, zu viel, gar keine oder falsche Wirkstoffe, Lösungsmittel oder sogar giftige Substanzen.
- In Ihrer Apotheke vor Ort erhalten Sie – abgestimmt auf das jeweilige Produkt – stets die fachliche Beratung, die bei der Einnahme der Medikamente wichtig ist. Wenn Sie Medikamente im Versandhandel bestellen, geht diese wichtige Beratung verloren. Mit entsprechenden Risiken!
- Bei uns, in der Apotheke Ihres Vertrauens werden Sie persönlich und kompetent beraten.

### 4.1.6 Altmedikamente

Viele Kunden geben ihre nicht mehr benötigten oder abgelaufenen Medikamente weiterhin in der Apotheke ab, weil sie das Gefühl haben, diese Entsorgung ist besonders sicher. Als besondere Dienstleistung nehmen viele Apotheken alte Medikamente nach wie vor zurück, mit dem Hinweis, dass in Zukunft die nicht mehr benötigten Medikamente über den normalen Hausmüll entsorgt werden können.

#### Textbausteine zu Altmedikamenten

- Die graue Tonne ist nicht nur der einfachste und bequemste Weg, nicht mehr benötigte Medikamente zu entsorgen, sondern auch der umweltverträglichste. Denn seit der Hausmüll fast ausschließlich den Müllverbrennungsanlagen zugeführt wird, werden die arzneilichen Wirkstoffe so zerstört, dass kein Eintrag in die Umwelt mehr erfolgen kann.
- Papierverpackungen gehören in Papiertonnen oder -container; Kunststoffverpackungen und leere Blister in die gelben Tonnen oder Säcke. So ist eine sinnvolle Verwertung der Verpackungen sichergestellt.
- Vorsicht! Arzneimittel gehören nicht in Kinderhände! Kinder könnten die Tabletten für bunte Bonbons halten. Deshalb ist es ratsam, Arzneimittel mit dem anderen Hausmüll zu vermischen und nicht aus den Blisterstreifen zu drücken.
- Spritzen und Kanülen sollten entweder in stichfesten Gefäßen gesammelt und über den Hausmüll entsorgt oder in der Apotheke abgegeben werden.
- Bitte werfen Sie alte Arzneimittel nicht in die Toilette!
- Dass arzneiliche Wirkstoffe indirekt über menschliche Ausscheidungen in das Abwasser gelangen, ist nicht zu vermeiden. Doch jede Tablette und jeder Tropfen eines Arzneimittels, der nicht in das Abwasser und damit in den Wasserkreislauf gelangt, entlastet unsere Umwelt erheblich, denn Medikamente sind oft nur langsam oder gar nicht biologisch abbaubar.

### 4.1.7 Rabattverträge

Natürlich ist es bei diesem speziellen Thema möglich, dem Kunden ausführliche Informationen mitzugeben. Allerdings können Sie Ihrem wartenden Kunden, während Sie die Rabattverträge auf seinem Rezept umsetzen und die Medikamente heraussuchen, eine kurze Beschreibung der aktuellen gesetzlichen Situation in schriftlicher Form zur Verfügung stellen. Damit wird auch die Wartezeit des Kunden verkürzt.

**Textbausteine zu Rabattverträgen**

- Welches Arzneimittel erhalte ich jetzt als Patient mit meinem Rezept von der Apotheke?
- Bei der Arzneimittelabgabe prüfen wir als Apotheke zunächst, mit welchem Arzneimittelunternehmen Ihre Krankenkasse einen Rabattvertrag geschlossen hat. Ist es ein Mehrpartner-Vertrag, so können wir zwischen mehreren Anbietern auswählen und Ihnen die Wahl überlassen. Handelt es sich um einen Exklusivvertrag, darf nur dieses eine Rabattarzneimittel abgegeben werden.
- Sie als Patient werden also üblicherweise nicht das Medikament des auf dem Rezept genannten Herstellers erhalten, sondern es wird in unserer Apotheke gemäß den Angaben über die Rabattverträge ausgetauscht. Sie erhalten unter Umständen nun ein Medikament eines anderen Unternehmens, jedoch mit dem gleichen Wirkstoff, der gleichen Dosierung, der gleichen Packungs- bzw. Normgröße. Der Name und das Aussehen des Medikaments können aber leider von Ihrem gewohnten abweichen. Unsere Apotheke ist gesetzlich zu diesem Austausch verpflichtet, auch wenn wir finden, dass Sie als Patient im Mittelpunkt der Krankenkassen stehen sollten und nicht deren wirtschaftlichen Interessen! Diese Regelung muss natürlich in allen Apotheken umgesetzt werden!

### 4.1.8 Kundenbroschüren und eigene Apothekenzeitschriften

Hier noch eine Möglichkeit, dem Kunden Ihre Apotheke und Ihr Personal vorzustellen und dabei verschiedene Informationen weiterzugeben. Sie ist allerdings aufwendiger und erfordert mehr Kreativität.

Entwerfen Sie Broschüren oder eine eigene, z. B. vierteljährlich erscheinende Kundenzeitschrift, in der Sie die Apotheke und einzelne Mitarbeiter vorstellen. Dort können Sie Angebote erstellen, Aktionen bewerben, Gesundheitstipps weitergeben oder auch einzelne Mitarbeiter oder das ganze Team vorstellen, die z. B. in einem Interview (Kunden-) Fragen beantworten, in dem Sie pharmazeutische Themen mit den Kundenfragen kombinieren, wie im folgenden Musterinterview dargestellt.

**Kundenfragen bzw. Interview**

**Wie lange darf ich Nasensprays anwenden?**

- Nasensprays, die abschwellende Wirkstoffe enthalten, sollten Sie nicht länger als ein paar Tage, höchstens eine Woche ununterbrochen anwenden. An die abschwellenden Wirkstoffe gewöhnt man sich sehr rasch. Sie können auf die Dauer die Nasenschleimhaut schädigen und es kann überdies eine Gewöhnung entstehen, die nur mit einem mühsamen Entzug wieder beherrscht werden kann.

**Was ist ein Generikum?**

- Ein Nachahmerprodukt eines bestehenden Medikaments, welches den gleichen Wirkstoff in der gleichen Menge enthält, nennt man Generikum. Die Hilfsstoffe, welche für die Herstellung des Medikaments eingesetzt werden, können allerdings andere sein. Da viel weniger Forschung nötig ist, können Generika viel günstiger verkauft werden.

**Sollte ich der Apotheke beim Kauf von Medikamenten sagen, dass ich noch andere Arzneimittel nehme?**

- Auf jeden Fall! Medikamente können sich gegenseitig beeinflussen und ihre Wirkungen können dadurch verstärkt oder abgeschwächt werden. Es können ebenso gefährliche Wechselwirkungen zwischen den Medikamenten auftreten. Das kann schwerwiegende Folgen für Ihre Gesundheit haben. Bitte bedenken Sie, dass sowohl rezeptpflichtige als auch freiverkäufliche Arzneimittel zu erwähnen sind.

**Darf man Medikamente zusammen mit Fruchtsaft, Tee, Kaffee oder Milch einnehmen?**

- Arzneimittel werden am besten mit Wasser geschluckt. Fruchtsäfte enthalten viele sekundäre Pflanzenstoffe wie Vitamine, Calcium, Eisen oder Magnesium. Diese können mit dem Medikamentenwirkstoff interagieren. Auch Kaffee und Tee können durch ihre Inhaltsstoffe die Wirkung von Medikamenten beeinflussen. Gleiches gilt für das Calcium in der Milch. Besonders schlecht ist Grapefruitsaft. Er verändert viele Medikamente bis zur Unwirksamkeit. Wir weisen Sie gerne auf derartige Sonderfälle bei der Arzneimittel-Einnahme hin.

**Was bedeutet es, ein Medikament auf nüchternen Magen einzunehmen?**

- Soll ein Medikament auf nüchternen Magen eingenommen werden, muss die Einnahme eine Stunde vor einer Mahlzeit oder mehr als zwei Stunden nach einer Mahlzeit erfolgen. Der Magen sollte leer sein, damit das Medikament besser wirkt.

**Kann ich meine Tabletten problemlos teilen?**

- Tabletten, die man teilen kann, haben im Allgemeinen eine Bruchrille, d.h. eine Stelle, an der man die Tablette besonders leicht brechen kann. Viele Tabletten dürfen aber nicht geteilt werden, weil sonst ihre Wirkung stark verändert wird. Dies gilt z.B. für magensaftresistente oder Tabletten die eine Langzeitwirkung besitzen, sogenannte Retard-Formen. Wir sagen Ihnen gerne, ob es möglich ist Ihre Tablette zu teilen.

**Wie beschreiben Sie den Apothekerberuf in wenigen Worten?**

- Der Alltag des Apothekers teilt sich in verschiedene Aufgabengebiete. Einer davon ist natürlich die intensive Beratung und der direkte Kontakt mit den Kunden. Dazu gehört es unter anderem, dass die Kunden über die Dosierung und die Art der Einnahme der vom Arzt verschriebenen Mittel genau informiert werden. Auch über mögliche Wechselwirkungen muss der Apotheker Bescheid wissen und die Kunden informieren. Egal, ob es darum geht, dem Kunden ein gewünschtes Medikament auszuhändigen oder selbst zu entscheiden, welches Präparat für ihn geeignet wäre: Die pharmazeutische Beratung steht im Zentrum unserer Apothekenarbeit. Neben dieser klassischen Arzneimittelabgabe und Beratung sowie der Herstellung von Rezepturen decken Apotheken ein breites Tätigkeitsfeld ab. Apotheker erläutern z. B. auch die Anwendung von Insulinpens oder Inhalationshilfen und bieten Blutdruck- oder Blutzuckermessung an.

**Kunden haben zuweilen ein sehr eingeschränktes Bild vom Apothekerberuf. Für sie ist der Apotheker oft nur ein „Schubladenaufzieher". Wie kann man dieses Vorurteil abbauen?**

- Der Apotheker ist nicht einfach nur ein Verkäufer! Durch ein langes Studium und durch ständige Fortbildungen ist der Apotheker die Fachperson schlechthin wenn es um die Einnahme von Arzneimitteln geht!

**Wie sieht es auf dem Arzneimittelmarkt und dem Internet aus? Macht Ihnen das Internet Konkurrenz?**

- Ja, auch die Apotheken können sich diesem Trend nicht entziehen. Dies gilt besonders für die Fälle, in denen die Patienten nicht gerne in der Apotheke vorstellig werden, wie z. B. bei Mitteln zur Steigerung der körperlichen oder geistigen Leistung, bei Dopingpräparaten und besonders bei Potenzproblemen. Weiterhin sind unsere Kunden durch die zahlreichen Angebote im Internet preissensitiver geworden.

**Wie sieht es denn mit Internet-Apotheken aus? Ist es sicher, dort ein Arzneimittel zu bestellen? Wie erkenne ich die Echtheit eines Medikaments und wie kann ich mich schützen?**

- Wer sichergehen will, dass in seiner Blisterpackung auch das drinsteckt, was draufsteht, sollte weiterhin in der Apotheke vor Ort seine Medikamente kaufen. Sparen Sie nicht an Ihrer Gesundheit. Lassen Sie nicht zu, dass Sie durch Scham oder aufgrund eines vermeintlich günstigeren Angebots ein gefährliches Risiko eingehen.

## 4.2 Glossar

**Apothekenbetriebsordnung (ApBetrO).** Die Apothekenbetriebsordnung regelt die sichere und qualitativ hochwertige Arzneimittelversorgung durch Apotheken. Das umfasst die Herstellung, Prüfung und Lagerung von Arzneimitteln, aber auch ihre Abgabe und die Beratung und Information von Patientinnen und Patienten.

Am 12. Juni 2012 ist die vierte Verordnung zur Änderung der Apothekenbetriebsordnung in Kraft getreten.

**Apothekennotdienst-Sicherstellungsgesetz (ANSG).** Mit Wirkung zum 01. August 2013 ist das Gesetz zur Förderung der Sicherstellung des Notdienstes von Apotheken in Kraft getreten. Durch entsprechende Änderungen des Gesetzes über das Apothekenwesen (Apothekengesetz – ApoG), des Gesetzes über den Verkehr mit Arzneimitteln (Arzneimittelgesetz – AMG) und der Arzneimittelpreisverordnung (AMPreisV) wurde eine Notdienstpauschale für Apotheken eingeführt.

Demnach erhalten Apotheken für jeden vollständig ausgeführten Notdienst, d. h. Dienstbereitschaft von spätestens 20 Uhr bis mindestens 6 Uhr des Folgetages, nach § 20 ApoG einen pauschalen Zuschuss aus einem Fonds. Dieser Fonds wurde vom Deutschen

Apothekerverband errichtet und wird auch von diesem verwaltet. Die Rechts- und Fachaufsicht führt das Bundesministerium für Gesundheit (§ 18 ApoG). Zur Finanzierung dieser Pauschale wurde zur Berechnung des Apothekenabgabepreises nach § 78 AMG i. V. m. § 3 Abs. 1 Satz 1 AMPreisV bei der Abgabe von Fertigarzneimitteln, die zur Anwendung bei Menschen bestimmt sind, der Festzuschlag um 16 Cent zur Förderung der Sicherstellung des Notdienstes (zzgl. Umsatzsteuer) erhöht. Nach § 19 ApoG ist dieser Anteil des Festzuschlags von den Apotheken an den oben beschriebenen Fonds nach § 18 ApoG abzuführen.

**Arzneimittelgesetz (AMG).** Das Arzneimittelgesetz (AMG) ist in Deutschland die rechtliche Grundlage für die Zulassung von Arzneimitteln, deren Herstellung und den Handel mit ihnen sowie für die Überwachung ihrer Sicherheit (Pharmakovigilanz). Darüber hinaus definiert es die Rahmenbedingungen für klinische Studien.

**Arzneimittelneuordnungsgesetz (AMNOG).** Mit Wirkung zum 1. Januar 2011 ist das Gesetz zur Neuordnung des Arzneimittelmarktes (AMNOG) nach § 35a SGB V in Kraft getreten Es regelt u. a. die Preisbildung für neu zugelassene Arzneimittel. Der Gemeinsame Bundesausschuss (G-BA) legt anhand der frühen Nutzenbewertung des Instituts für Qualität und Wirtschaftlichkeit im Gesundheitswesen (IQWiG) den Zusatznutzen neu in den Markt eingeführter Arzneimittel fest. Bevor der G-BA einen Beschluss fasst, der Eingang in die Arzneimittel-Richtlinie nehmen wird und auf dessen Grundlage die Preisverhandlungen zwischen pharmazeutischem Hersteller und der GKV beginnen, wird ein Stellungnahmeverfahren (schriftlich und mündlich) durchgeführt. Die Arzneimittelkommission der deutschen Ärzteschaft als Sachverständige der medizinischen Wissenschaft und Praxis wurde vom G-BA durch Beschluss als stellungnahmeberechtigte Organisation bestimmt (§ 92 Abs. 3a SGB V).

**Arzneimittelverschreibungsverordnung (AMVV).** Die Arzneimittelverschreibungsverordnung regelt die Definition und den Umgang mit verschreibungspflichtigen Arzneimitteln und den zu ihrer Herstellung verwendeten Substanzen.

In der AMVV sind alle (Tier-)Arzneimittel festgehalten, die Apotheker nur gegen Vorlage einer ärztlichen Verordnung abgeben dürfen. Die Liste dieser verschreibungspflichtigen Medikamente wird regelmäßig erneuert: Um Medikamente der Verschreibungspflicht zu unterziehen, muss das Bundesgesundheitsministerium (BMG) eine Verordnung zur Änderung der AMVV erlassen. Ebenso kann das BMG mit einer Verordnung bislang rezeptpflichtige Präparate aus der Verschreibungspflicht entlassen (sogenannter OTC-Switch). Der Bundesrat muss diesen Verordnungen zustimmen.

Beim Bundesinstitut für Arzneimittel und Medizinprodukte (BfArM) ist der Sachverständigenausschuss für Verschreibungspflicht angesiedelt, der zweimal im Jahr tagt und dem BMG Empfehlungen zur Änderung der AMVV vorlegt. Pharmaunternehmen können beim Ausschuss Anträge zur Änderung der Verschreibungspflicht ihrer Medikamente einreichen. In der Regel folgt das BMG den Empfehlungen der Sachverständigen.

**Arzneimittelpreisverordnung (AMPreisV).** Nach § 78 Abs. 2 Satz 2 und 3 Arzneimittelgesetz (AMG) ist für die verschreibungspflichtigen und apothekenpflichtigen Fertigarzneimittel, die zu Lasten der gesetzlichen Krankenversicherung abgegeben werden, ein einheitlicher Apothekenabgabepreis zu gewährleisten.

Die Einzelheiten regelt die auf der Grundlage des § 78 Abs. 1 AMG ergangene Arzneimittelpreisverordnung (AMPreisV). Diese legt für verschreibungspflichtige Arzneimittel in § 2 die Preisspannen des Großhandels bei der Abgabe im Wiederverkauf an Apotheken und in § 3 die Preisspannen der Apotheken bei der Abgabe im Wiederverkauf jeweils fest.

**Betäubungsmittelgesetz (BtMG).** Das Betäubungsmittelgesetz, kurz BtMG, regelt in Deutschland den Umgang mit gesetzlich als Betäubungsmittel deklarierten Substanzen und den zu ihrer Herstellung verwendeten Rohstoffen (z. B. Pflanzen).

Die Betäubungsmittel sind laut Anlage I-III zu § 1 des BtMG definiert und unterliegen der ständigen Aktualisierung:

Anlage I umfasst die nicht verkehrsfähigen Betäubungsmittel, die keinen therapeutischen Nutzen und ein hohes Suchtpotenzial aufweisen. Hierzu zählen alle illegalen Drogen, u. a. Marihuana, Heroin, LSD und synthetische Drogen.

Anlage II listet die verkehrsfähigen nicht verschreibungsfähigen Betäubungsmittel. Als solche gelten Stoffe, die zur Herstellung therapeutisch wirksamer Betäubungsmittel verwandt werden.

Anlage III enthält die verkehrsfähigen verschreibungspflichtigen Betäubungsmittel. Hierbei handelt es sich um Medikamente mit physischem oder psychischem Abhängigkeitspotenzial.

**Bruttoinlandprodukt (BIP).** Das Bruttoinlandprodukt (BPI) ist ein Maß für die gesamte wirtschaftliche Leistung in einer Volkswirtschaft in einer Periode. Da das BIP Auskunft über die Produktion von Waren und Dienstleistungen im Inland nach Abzug der Vorleistungen und Importe gibt, dient es als Produktionsmaß und damit als Indikator für die wirtschaftliche Leistungsfähigkeit einer Volkswirtschaft (Inlandskonzept).

**Bundesinstitut für Arzneimittel und Medizinprodukte (BfArM).** Selbständige Bundesoberbehörde im Geschäftsbereich des Bundesministeriums für Gesundheit mit Sitz in Bonn.

Ein Schwerpunkt der Arbeit des BfArM ist die Zulassung von Fertigarzneimitteln auf der Grundlage des Arzneimittelgesetzes. Dabei wird der gesundheitliche Nutzen, d. h. die Wirksamkeit, die Unbedenklichkeit und die pharmazeutische Qualität geprüft. Darüber hinaus nimmt das BfArM wichtige Aufgaben im Rahmen der europäischen Arzneimittelzulassung wahr.

**Bundesverband der Arzneimittel-Hersteller (BAH).** Der Bundesverband der Arzneimittel-Hersteller e. V. (BAH) ist mit mehr als 450 Mitgliedern der mitgliederstärkste Arzneimittelverband Deutschlands. Er ist enger Ansprechpartner von Politik, Behörden und Institutionen sowie ein starkes Bindeglied zwischen den verschiedenen Interessengruppen.

**Bundesverband der Deutschen Versandapotheken (BVDVA).** Der Bundesverband Deutscher Versandapotheken (BVDVA) ist Interessenvertreter und Dienstleister der zugelassenen deutschen Versandapotheken und schützt deren beruflichen, wirtschaftlichen und politischen Interessen. Der BVDVA arbeitet auf Landes- und Bundesebene.

**Bundesvereinigung Deutscher Apothekerverbände (ABDA).** Die ABDA ist die Spitzenorganisation der Apothekerinnen und Apotheker. Sie besteht aus 34 Mitgliedsorganisationen, den 17 Apothekerkammern und den 17 Apothekerverbänden der Länder. Diese wiederum haben sich unter dem Dach der ABDA in der Bundesapothekerkammer (BAK) und im Deutschen Apothekerverband e. V. (DAV) zusammengeschlossen.

**Bundesverband der Pharmazeutischen Industrie (BPI).** Der Bundesverband der Pharmazeutischen Industrie vertritt auf dem Gebiet der Arzneimittelforschung, -entwicklung, -zulassung, -herstellung und -vermarktung das breite Spektrum der pharmazeutischen Industrie auf nationaler und internationaler Ebene. Rund 240 Unternehmen mit ca. 70 000 Mitarbeitern haben sich im BPI zusammengeschlossen. Dazu gehören klassische Pharma-Unternehmen, Pharma-Dienstleister, Unternehmen aus dem Bereich der Biotechnologie, der pflanzlichen Arzneimittel und der Homöopathie bzw. Anthroposophie.

**Bundesamt für Verbraucherschutz und Lebensmittelsicherheit (BVL).** Das Bundesamt für Verbraucherschutz und Lebensmittelsicherheit (BVL) wurde im Jahr 2002 als Zulassungs- und Managementbehörde für Lebensmittelsicherheit und Verbraucherschutz gegründet. Das BVL ist eine eigenständige Bundesoberbehörde im Geschäftsbereich des Bundesministeriums für Ernährung und Landwirtschaft. Es nimmt vielfältige Aufgaben im Bereich der Lebensmittelsicherheit wahr.

**Deutsches Institut für Medizinische Dokumentation und Information (DIMDI).** Das DIMDI ist eine nachgeordnete Behörde des Bundesministeriums für Gesundheit.

Das DIMDI gibt Klassifikationen zur Kodierung von Diagnosen und Operationen heraus und pflegt weitere medizinische Bezeichnungssysteme. Außerdem betreibt es Informationssysteme für Arzneimittel, Medizinprodukte und Versorgungsdaten sowie zur Bewertung gesundheitsrelevanter Verfahren (Health Technology Assessment, HTA). In ergänzenden Datenbanken ist es möglich nach Fachartikeln und Fakten aus der Medizin zu recherchieren. Außerdem findet sich hier das Apothekenversandregister.

**European Medicines Agency (EMA).** Die Europäische Arzneimittel-Agentur, englisch European Medicines Agency (EMA), ist eine Agentur der Europäischen Union mit Sitz in London. Die Agentur ist verantwortlich für die wissenschaftliche Beurteilung und Überwachung von Arzneimitteln, die in der Europäischen Union zugelassen sind. Innerhalb der Agentur sind verschiedene Ausschüsse mit verschiedenen Zuständigkeiten befasst. In allen diesen Ausschüssen wird jeder EU-Mitgliedsstaat, sowie die EU-assoziierten Länder Island, Liechtenstein und Norwegen durch einen Repräsentanten vertreten.

**Gemeinsamer Bundesauschuss (G-BA).** Der Gemeinsame Bundesausschuss (G-BA) ist das oberste Beschlussgremium der gemeinsamen Selbstverwaltung der Ärzte, Zahnärzte, Psychotherapeuten, Krankenhäuser und Krankenkassen in Deutschland.

Er bestimmt in Form von Richtlinien den Leistungskatalog der gesetzlichen Krankenversicherung (GKV) für mehr als 70 Millionen Versicherte und legt damit fest, welche Leistungen der medizinischen Versorgung von der GKV erstattet werden. Darüber hinaus beschließt der G-BA Maßnahmen der Qualitätssicherung für den ambulanten und stationären Bereich des Gesundheitswesens.

**Gesetz über das Apothekenwesen (Apothekengesetz – ApoG).** Das Apothekengesetz regelt die Grundlagen des Betriebs von Apotheken in Deutschland. Laut Gesetzgeber ist der primäre Auftrag der Apotheken, die ordnungsgemäße Versorgung mit Arzneimitteln in Deutschland sicherzustellen.

Das Apothekengesetz liegt in der Fassung der Bekanntmachung vom 15. Oktober 1980 (BGBl. I S. 1993), das zuletzt durch Artikel 1 des Gesetzes vom 15. Juli 2013 (BGBl. I S. 2420) geändert worden ist, vor.

**Gesundheitsmodernisierungsgesetz (GMG).** Bundesgesetz vom 14. 11. 2003.

Durch das GMG sind zahlreiche Vorschriften im Recht der gesetzlichen Krankenversicherungen geändert worden. Das Gesetz zielte auf strukturelle Reformen, um die Qualität der medizinischen Versorgung zu verbessern und gleichzeitig alle am System Beteiligten in Sparmaßnahmen einzubeziehen.

Die Praxisgebühr, die im Rahmen dieses Gesetzes eingeführt wurde, ist zum Jahresende 2012 wieder abgeschafft worden.

**GKV-Spitzenverband.** Der GKV-Spitzenverband ist die zentrale Interessenvertretung der gesetzlichen Kranken- und Pflegekassen in Deutschland und auf europäischer sowie internationaler Ebene. Er gestaltet die Rahmenbedingungen für einen intensiven Wettbewerb um Qualität und Wirtschaftlichkeit in der gesundheitlichen und pflegerischen Versorgung. Er vertritt rund 70 Millionen Versicherte.

**GKV-Versorgungsstrukturgesetz (GKV-VStG).** Gesetz zur Verbesserung der Versorgungsstrukturen in der gesetzlichen Krankenversicherung.

Mit dem am 1. Januar 2012 in Kraft getretenen Gesetz wurden verschiedene Veränderungen im Sozialgesetzbuch (SGB) Fünftes Buch (V) herbeigeführt, die unter anderem eine zielgenauere Bedarfsplanung, die spezialfachärztliche Versorgung und den wettbewerbsrechtlichen Spielraum der gesetzlichen Krankenkassen betreffen.

**Hilfsmittel-Richtlinien (HilfsM-RL).** Hilfsmittel, die zu Lasten der gesetzlichen Krankenkassen verordnet und abgegeben werden können, werden in der Richtlinie des Gemeinsamen Bundesauschusses (G-BA) über die Verordnung von Hilfsmitteln in der vertragsärztlichen Versorgung des Bundesausschusses der Ärzte und Krankenkassen geregelt.

**Institut für Qualität und Wirtschaftlichkeit im Gesundheitswesen (IQWiG).** Das Institut wurde im Zuge der Gesundheitsreform 2004 als Einrichtung der Stiftung für Qualität und Wirtschaftlichkeit im Gesundheitswesen gegründet.

Die gesetzlichen Grundlagen und Aufgaben des IQWiG sind seither im Sozialgesetzbuch (SGB) Fünftes Buch (V) – gesetzliche Krankenversicherung verankert und wurden in weiteren Gesundheitsreformen angepasst und erweitert. Die Rahmenbedingungen der Arbeit sind zudem in der Verfahrensordnung des Gemeinsamen Bundesausschuss (G-BA) und in den Methoden des IQWiG genauer definiert.

**Kassenärztliche Bundesvereinigung (KBV).** Die Kassenärztliche Bundesvereinigung ist die politische Interessenvertretung der Vertragsärzte und Vertragspsychotherapeuten auf Bundesebene.

**Medizinproduktegesetz (MPG).** Das Medizinproduktegesetz und zugehörende Verordnungen umfassen alle gesetzlichen Anforderungen an die Hersteller und Betreiber von Medizinprodukten.

Zweck dieses Gesetzes ist es, den Verkehr mit Medizinprodukten zu regeln und dadurch für die Sicherheit, Eignung und Leistung der Medizinprodukte sowie die Gesundheit und den erforderlichen Schutz der Patienten, Anwender und Dritter zu sorgen.

**Nacht und Notdienstfonds (NNF).** Der Nacht und Notdienstfonds des Deutschen Apothekerverbandes (DAV) ist eine selbständige Abteilung und führt die gesetzlichen Regelungen nach dem Apothekennotdienstsicherstellungsgesetz (ANSG), das seit dem 01.08.2013 in Kraft ist, aus.

Hintergrund für die Entstehung des Nacht- und Notdienstfonds (NNF) ist das Gesetz zur Förderung der Sicherstellung des Notdienstes von Apotheken (Apothekennotdienst-Sicherstellungsgesetz – ANSG vom 15. Juli 2013)

**Preismoratorium für Arzneimittel.** Beim Preismoratorium handelt es sich um ein gesetzliches Regulierungsinstrument, damit einseitig bestimmte Preissteigerungen der pharmazeutischen Unternehmer nicht zulasten der Krankenkassen und sonstigen Kostenträger abgerechnet werden können. Die gesetzliche Grundlage dafür ist § 130a Abs. 3a des Fünften Buchs Sozialgesetzbuch (SGB V). Danach steht den Krankenkassen und sonstigen Kostenträgern bereits seit dem 1. August 2010 ein Preisabschlag in der Höhe zu, in der ein Hersteller den Abgabepreis eines Arzneimittels über den Preisstand vom 1. August 2009 erhöht. Die Regelung gilt grundsätzlich für alle in der GKV erstattungsfähigen Arzneimittel. Ausgenommen sind diejenigen Arzneimittel, für die bereits ein vom GKV-Spitzenverband bestimmter Festbetrag gilt, zu dem Arzneimittel erstattet werden. Preiserhöhungen oberhalb dieses Festbetrags werden ohnehin nicht zu Lasten der Krankenkassen wirksam, denn die GKV trägt die Kosten nur bis zu diesem Betrag. Preiserhöhungen bis zum Festbetrag bleiben allerdings möglich.

Das gesetzliche Preismoratorium galt zunächst bis zum 31. Dezember 2013. Mit dem 13. SGB V-Änderungsgesetz (13. SGB V-ÄndG) hatte der Gesetzgeber die Regelung zunächst bis zum 31. März 2014 verlängert, da es sich zur Dämpfung der steigenden Ausgabenentwicklung im Arzneimittelbereich bewährt hat und andernfalls bei Auslaufen des Preismoratoriums wieder ein deutlicher Anstieg der Arzneimittelausgaben und eine überdurchschnittliche Preisentwicklung zu erwarten gewesen wäre. Eine erneute Verlängerung bis zum 31. Dezember 2017 wurde daraufhin im Zusammenhang mit weiteren Maßnahmen im Arzneimittelbereich mit dem 14. SGB V-Änderungsgesetzes (14. SGB V-ÄndG) beschlossen, das am 1. April 2014 in Kraft trat.

Das Bundesministerium für Gesundheit ist nach § 130a Abs. 4 SGB V verpflichtet, das Preismoratorium und die gesetzlichen Herstellerabschläge für Arzneimittel jährlich zu überprüfen.

**securPharm.** securPharm ist eine Initiative zum Schutz des deutschen Arzneimittelvertriebs vor dem Eindringen gefälschter Arzneimittel in die Vertriebskette. Sie wird getragen von den folgenden Partnern: ABDA, BAH, BPI, IFA, Phagro, vfa, WUV.

**Sozialgesetzbuch (SGB).** Das Sozialgesetzbuch ist ein am 11. Dezember 1975 in Kraft getretenes Gesetzeswerk, das die Beziehungen zwischen Arzt, Patient sowie Kranken-, Renten- und Sozialversicherung regelt. Bestimmungen zur Kinder- und Jugendhilfe, zur Rehabilitation und zur Gesundheitsvorsorge erweitern das Sozialgesetzbuch. Es ersetzt damit in weiten Teilen die Reichsversicherungsordnung von 1914.

Fünftes Buch: Verordnungen zur Krankenversicherung (in Kraft seit 1. Januar 1989).

**Überwachungsbehörden der Bundesländer.** Eine Überwachungsbehörde ist eine Behörde, die gem. § 64 AMG für die Durchführung des Arzneimittelgesetzes bzw. gem. § 17e des TierSG für die Durchführung des Tierseuchengesetzes zuständig ist, soweit

4

nicht Durchführungsaufgaben der Bundesbehörden berührt sind. Zu den Aufgaben der Überwachungsbehörde gehört u. a. die Durchführung von Betriebsbesichtigungen, sei es bei festgestellten Beanstandungen, im Rahmen der Erteilung einer Herstellungserlaubnis bzw. zur Festlegung der allgemeinen GMP-Konformität, zur Beurteilung der Einhaltung der rechtlichen Voraussetzungen bei der Durchführung einer klinischen Prüfung oder während eines Zulassungsverfahrens. Die Überwachungsbehörde kann auch weitere Aufgaben z. B. nach dem Apothekengesetz, Gewebegesetz, Heilmittelwerbegesetz etc. übernehmen.

**Verordnung (EG) Nr. 726/2004 des Europäischen Parlaments und des Rates vom 31. März 2004.** Bestimmt die Festlegung von Gemeinschaftsverfahren für die Genehmigung und Überwachung von Human- und Tierarzneimitteln.

**Verordnung über apothekenpflichtige und freiverkäufliche Arzneimittel (AMVerkRV).** Diese Verordnung beschreibt und regelt welche Arzneimittel im Sinne des § 2 Abs. 1 oder Abs. 2 Nr. 1 des Arzneimittelgesetzes für den Verkehr außerhalb der Apotheken freigegeben sind. Sie beschreibt auch solche Arzneimittel, welche in § 44 Abs. 2 des Arzneimittelgesetzes vom Verkehr außerhalb der Apotheken ausgeschlossen sind.

**Verordnung über Nahrungsergänzungsmittel (Nahrungsergänzungsmittelverordnung – NemV).** Die Nahrungsergänzungsmittel-Verordnung ist am 28. Mai 2004 in Kraft getreten. Sie setzt die zugrunde liegende europäische Richtlinie 2002/46/EG vom 10.06.2002 (Nem-RL) in deutsches Recht um.

Derzeit ist nur der Zusatz von Vitaminen und Mineralstoffen in Nahrungsergänzungsmitteln geregelt, nicht jedoch andere Stoffe wie etwa Aminosäuren, essenzielle Fettsäuren und Pflanzen- oder Kräuterextrakte.

**Zentralstelle der Länder für Gesundheitsschutz (ZLG).** Die ZLG ist Koordinierungsstelle der Länder im Human- und Tierarzneimittelbereich sowie die anerkennende und benennende Behörde im Medizinproduktebereich.

Die Abteilung Arzneimittel der ZLG ist von den 16 Bundesländern zur länderübergreifenden Koordinierung ihrer Aktivitäten in der Überwachung und Untersuchung von Human- und Tierarzneimitteln errichtet worden. In der grenzüberschreitenden Zusammenarbeit mit europäischen und internationalen Organisationen ist sie die nationale Kontaktstelle der Bundesländer und vertritt deren Interessen in europäischen und internationalen Gremien.

## Literatur


[1] Quelle: ABDA. Die Apotheke, Zahlen, Fakten, Daten 2015

[2] www.deutsche-apotheker-zeitung.de/recht/news/2015/01/08/rx-abgabe-ohne-rezept-ist-wettbewerbswidrig/14735.html (22.02.2015)

[3] www.aponet.de (15.01.2015)

[4] Deutsche Institut für Medizinische Dokumentation und Information (DIMDI): Antwort auf Anfrage vom 21. Januar 2015

[5] www.who.int/mediacentre/factsheets/fs275/en (20.01.2015)

[6] Verkehrsfähige Arzneimittel im Zuständigkeitsbereich des BfArM: www.bfarm.de/DE/Service/Statistik/AM_statistik/statistik-verkf-am-zustBfArM.html?nn=4284776 (19.01.2015)

[7] Eigene Erhebung aus 23 Apotheken in Deutschland

[8] Süddeutsche Zeitung, Online Ausgabe, 1. Januar 2015 (01.01.2015)

[9] www.bmg.bund.de (21.01.2015)

[10] IGES-Berechnungen nach NVI (Insight Health), Pro Generika Marktdatenbroschüre 2014

[11] BfArM, Lieferengpässe für Humanarzneimittel in Deutschland vom 30.12.2014 (31.12.2014)

[12] Ott R, Wieger C. CheckAp Apotheke mit Pfiff. 2. Aufl., Deutscher Apotheker Verlag, Stuttgart 2013

# Der Autor

Der Apotheker Lars P. Frohn (Jg. 1973) studierte Pharmazie in Bonn und erlangte dort ebenfalls den Abschluss des postgraduierten Studienganges „Master of Drug Regulatory Affairs". Nach dem Studium absolvierte er einen Auslandsaufenthalt an der University of Sydney, Australien.

Nach einer zweijährigen Anstellung in der Apotheke seines Vaters übernahm er Apotheken-Vertretungen in Deutschland und in der Schweiz. Während dieser Zeit erweiterte er sein Tätigkeitsfeld und engagierte sich fortan vermehrt in der betriebswirtschaftlichen Beratung und im Projektmanagement von Apotheken und Apotheken-Ketten (Schweiz). Seit 2014 ist er außerdem als Autor und Dozent tätig. 2015 hat er die Weiterbildung zum Praktischen Betriebswirt für die Pharmazie erfolgreich abgeschlossen.

Lars P. Frohn lebt in Bonn. Den Autor erreichen Sie unter www.lpfrohn.de